余音
YUYIN

美学之用

丰子恺

当代世界出版社

凡 例

  本套图书（《日常之美》《美学之用》）主要收录了丰子恺先生的艺术理念及其漫谈东西方绘画艺术、建筑艺术、音乐艺术等类别的文章，充分展示了丰子恺先生多方面的艺术修养与才能。对读者来说，通读这两本书将会是一次轻松、系统的美学之旅，读者既可了解东西方绘画、建筑、音乐作品的简明历史，更可深刻感知美学在日常生活中的作用——美，从来都不是无用的。相反，它时时刻刻就在我们身边发挥作用，只是因为我们过于习惯它的存在，常常习焉不察罢了。

  整理书稿时，编者发现原稿中只有极少插图，故针对具体内容进行了相应的配图，图文并茂，更简明直观、更通俗易懂，且全部图片均已取得正规授权；在《美学之用》中，丰子恺先生原本提供过部分插图（多为《建筑的艺术》一章），但因资料和技术所限，部分插图过于模糊，编者根据具体内容将其替换为质量较高的相近图片，以尽可能地提高阅读体验；《美学之用》中知识点较密集，涉及世界级艺术名人甚多，为帮助读者理解，编者仅做简要注释，不多赘语。

此外，因原稿中的行文习惯、语言规范和现代汉语规范有所不同，一些字词、标点符号的用法已不符合当今读者的阅读习惯，尤其是外国人名、地名的译法与现在有较大差别。因此，编者审校时在尽量保留原作风貌的前提下，仅按现代用法做了必要的校正，避免给读者造成阅读障碍。具体修改如下：校正标点符号，尤其是引号、括号、分号、书名号、破折号等；将异体字均改为现代通用简体字；关于原稿中的人名、地名，原译法与现代通用译法不同时，将其改为现代通用译名，并在第一次出现处以括号简注。

特此说明。

因编者水平有限，难免有谬误之处，恭请各界朋友批评指正。

编者谨识

目录

壹 绘画与人生

绘画之用	002
图画与人生	006
中国画的特色——画中有诗	016
西洋画的看法	041
漫画艺术的欣赏	064
照相与绘画	077

贰 建筑的艺术

从坟到店	085
坟的艺术	102
神庙的艺术	120
教堂的艺术	141
宫室的艺术	163
店的艺术	174

叁 音乐的艺术

音乐之用	196
音乐的起源与成长	202
乐曲的内容	211
古代及中世的音乐	223
近世的音乐	235
现代的音乐	253

肆 艺术漫谈

艺术与艺术家	274
文艺的不朽性	279
绘事后素	283
漫画创作二十年	289

绘画与人生

壹

绘画之用

从前英国的大诗人拜伦（Byron，1788—1824，英国诗人，原文译为拜轮）的葬仪在伦敦举行的时候，伦敦街上的商人们望见了这大出丧的威仪，惊叹之余，私下相问："诗人到底是做什么生意的人？"

从前日本有一个名画家，画一幅立轴，定价洋六十元，画中只是疏朗朗地描三粒豆。有一个商人看见了，惊叹道："一粒豆值洋二十元？！"

这种大概是形容过分的笑话吧。诗人不是做生意的人，画中的豆与粮食店内的豆不同，这是谁也不会弄错的，不致发那种愚问吧。不过，"诗到底有什么用？""画到底有什么用？"也许是一般人心中常有的疑问。

在展览会中，如果有人问我："绘画到底有什么用？"我准拟答复他说："绘画是无用的。""无用的东西！画家何苦画？展览会何苦开？""纯正的绘画一定是无用的，有用的不是纯正的绘画。无用便是大用。容我告诉你这个道理。"

普通所见的画，种类甚多：纪念厅里的总理遗像也是画，教室里的博物挂图也是画，地理教科书中的名胜图也是画，马路里墙壁上的广告图也是画，然而这种都不是纯正的绘画。展览会里的才是纯正的美术的绘画。为什么道理呢？就为了前者是"有用"的，后者是"无用"的。

纪念厅里有总理的遗像，展览会里也有人物画。但前者是保留孙中山先生的遗容，以供后人瞻仰的；后者并无这种目的，且不必标注是何人。博物挂图中有梅花图，吴昌硕的立幅中也有梅花图。然前者是对学生说明梅花有几个瓣、几个雄蕊与雌蕊的；吴昌硕并不是博物教师。地理教科书中有西湖的风景图，油画中也有西湖的风景图。但前者是表明西湖的实景，使没有到过杭州的人可以窥见西湖风景的一斑的；后者并不是冒充西湖的照相。马路里墙上的广告画中有香烟罐、啤酒瓶，展览会里的静物画中也有香烟罐、啤酒瓶。但前者的目的是要诱人去买，后者并不想为香烟公司及酿造厂推广销路。大厦堂前的立幅，试问有什么实用？诸君手中的扇子上画了花，难道会多一点儿凉风？展览会里的作品，都是这类的无目的的、无用的绘画——无用的绘画，才是真正的美术的绘画。

何以言之？因为真的美术的绘画，其本质是"美"的。美是感情的，不是知识的；是欣赏的，不是实用的。所以画家但求表现其在人生自然中所发现的美，不是教人一种知识；看画的人，也只要用感情去欣赏其美，不可用知识去探究其实用。真的绘画，除了表现与欣赏之外，没有别的实际的目的。前述四种实例，遗像、博物图、名胜图、广告画，都是实用的，或说明的。换言之，都是为了一种实际的目的而画的。所以这种都是实用图，都不是美术的绘画。但我的意思，并非说实用图都没有价值。我只是说，实用图与美术的绘画性质完全不同。看惯实用图的人，一旦走进展览会里，慎勿仍用知识探究的态度去看美术的绘画。不然，就不免做出"一粒豆值洋二十元"的笑柄来。美术的绘画虽然无用（详言之，非实用，或无直接的用处），但其在人生的效果，比较起有用的（详言之，实用的，或直接有用的）图画来，伟大得多。

人类倘然没有了感情，世界将变成何等机械、冷酷而荒凉的生存竞争的战场！世界倘没有了美术，人生将何等寂寥而枯燥！美术是感情的产物，是人生的慰安。它能用慰安的方式来潜移默化我们的感情。

所以说，"真的绘画是无用的，有用的不是真的绘画。无用便是大用"。用慰安的方式来潜移默化我们的感情，便是绘画的大用。

一九二九年清明于石门湾，为全国美展刊作

丰子恺作品《人民的西湖》

真的绘画是无用的,有用的不是真的绘画。无用便是大用。

图画与人生

我今天所要讲的，是"图画与人生"。就是图画对人有什么用处？就是做人为什么要描图画？就是图画同人生有什么关系？

这问题其实很容易解说：图画是给人看看的。人为了要看看，所以描图画。图画同人生的关系，就只是"看看"。

"看看"，好像是很不重要的一件事，其实同衣食住行四大事一样重要。这不是我在这里说大话，你只要问你自己的眼睛，便知道。眼睛这件东西，实在很奇怪：看来好像不要吃饭，不要穿衣，不要住房子，不要乘火车，其实对于衣食住行四大事，它都有份，都要干涉。人皆以为嘴巴要吃，身体要穿，人生为衣食而奔走；其实眼睛也要吃，也要穿，还有种种要求，比嘴巴和身体更难服侍呢。

所以要讲图画同人生的关系，先要知道眼睛的脾气。我们可拿眼睛来同嘴巴比较：眼睛和嘴巴，有相同的地方，有相异的地方,又有相关联的地方。

相同的地方在哪里呢?我们用嘴巴吃食物,可以营养肉体;我们用眼睛看美景,可以营养精神——营养这一点是相同的。譬如看见一片美丽的风景,心里觉得愉快;看见一张美丽的图画,心里觉得欢喜。这都是营养精神的。所以我们可以说:嘴巴是肉体的嘴巴,眼睛是精神的嘴巴——二者同是吸收养料的器官。

相异的地方在哪里呢?嘴巴的辨别滋味,不必练习。无论哪一个人,只要是生嘴巴的,都能知道滋味的好坏,不必请先生教。所以学校里没有"吃东西"这一项科目。反之,眼睛的辨别美丑,即眼睛的美术鉴赏力,必须经过练习,方才能够进步。所以学校里要特设"图画"这一项科目,用以训练学生的眼睛。眼睛和嘴巴的相异,就在要练习和不要练习这一点上。譬如现在有一桌好菜蔬,都是山珍海味,请一位大艺术家和一位小学生同吃,他们一样地晓得好吃。反之,倘看一幅名画,请大艺术家看,他能完全懂得它的好处;请小学生看,就不能完全懂得,或者莫名其妙。可见嘴巴不要练习,而眼睛必须练习。所以嘴巴的味觉,称为"下等感觉";眼睛的视觉,称为"高等感觉"。

相关联的地方在哪里呢?原来我们吃东西,不仅用嘴巴,同时又兼用眼睛。所以烧一碗菜,油盐酱醋要配得好吃,同时这碗菜的样子也要装得好看。倘使乱七八糟地装一下,即使滋味没有变,但是我们看了心中不快,吃起来滋味也就差一点。反转来说,食物的滋味并不很好,倘使装潢得好看,我们见了,心中先起快感,吃起来滋味也就好一点。学校里的厨房司务很懂得这个道理。他们做饭菜要偷工减料,常把形式装得很好看。风吹得动的几片肉,盖在白菜面上,排成图案形;两三个铜板一斤的萝卜,切成几何形体,装在高脚碗里,看去好像一盘金刚石。学生走到饭厅,先用眼睛来吃,觉得很好;随后用嘴巴来吃,也就觉得还好。倘使厨房司务不懂得装菜的方法,各地的学校恐怕天天要闹一次饭厅呢。外国人尤其精通这个方法;洋式的糖果,作种种形式,又用五色纸、金银纸来包裹。拿这种糖请盲子吃,味道一定很平常;但请亮子吃,味道就好得多。因为眼睛相帮嘴巴在那里吃,故形式好看的,滋味也就觉得好吃些。

眼睛不但和嘴巴相关联,又和其他一切感觉相关联。譬如衣服,原来是为了使身体温暖而穿的,但同时又求其质料和形式的美观;譬如房子,原来是为了遮蔽风雨而造的,但同时又求其建筑和布置的美观。可知人生不但用眼睛吃东西,又用眼睛穿衣服,用眼睛住房子。古人说:"人之所以异于禽兽者几希。"我想,这"几希"恐怕就在眼睛里头。

人因为有这样的一双眼睛,所以人的一切生活,实用之外又必讲求趣味。一切东西,好用之外又求其好看。一匣自来火,一只螺旋钉,也在好用之外力求其好看。这是人类的特性。人类在

丰子恺作品
《家在夕阳江上村》

看见一片美丽的风景,心里觉得愉快;看见一张美丽的图画,心里觉得欢喜,这都是营养精神的。

很早的时代就具有这个特性。在上古,穴居野处、茹毛饮血的时代,人们早已懂得装饰。他们在山洞的壁上描写野兽的模样,在打猎用的石刀的柄上雕刻图案的花纹,又在自己的身体上施以种种装饰,表示他们要好看;这种心理和行为发达起来、进步起来,就成为"美术"。故美术是为了眼睛的要求而产生的一种文化。故人生的衣食住行,从表面看来好像和眼睛都没有关系,其实件件都同眼睛有关。越是文明进步的人,眼睛的要求越是大。人人都说"面包问题"是人生的大事。其实人生不单要吃,又要看;不单为嘴巴,又为眼睛;不单靠面包,又靠美术。面包是肉体的食粮,美术是精神的食粮。没有了面包,人的肉体要死;没有了美术,人的精神也要死——人就同禽兽一样。

上面所说的,总而言之,人为了有眼睛,故必须有美术。现在我要继续告诉你们:一切美术,以图画为本位,所以人人应该学习图画。原来美术共有四种,即建筑、雕塑、图画和工艺。建筑就是造房子之类,雕塑就是塑铜像之类,图画不必说明,工艺就是制造实用器具之类。这四种美术,可用两种方法来给它们分类。第一种,依照美术的形式而分类,则建筑、雕刻、工艺,在立体上表现的,叫作"立体美术";图画,在平面上表现的,叫作"平面美术"。第二种,依照美术的用途而分类,则建筑、雕塑、工艺,大多数除了看看之外又有实用(譬如住宅供人居住,铜像供人瞻拜,茶壶供人泡茶)的,叫作"实用美术";图画,大多数只给人看看,别无实用的,叫作"欣赏美术"。这样看来,图画是平面美术，又是欣赏美术。为什么这是一切美术的本位呢？其理由有二：

第一，因为图画能在平面上作立体的表现，故兼有平面与立体的效果，这是很明显的事。平面的画纸上描一只桌子，望去四只脚有远近，描一条走廊，望去有好几丈长；描一条铁路，望去有好几里远；因为图画有两种方法，能在平面上假装出立体来，其方法叫作"远近法（perspective）"和"阴影法"。用了远近法，一寸长的线可以看成好几里路；用了阴影法，平面的可以看成凌空。故图画虽是平面的表现，却包括立体的研究。所以学建筑、学雕塑的人，必须先从学图画入手。美术学校里的建筑科、雕塑科，第一年的课程仍是图画，以后亦常常用图画为辅助。反之，学图画的人就不必兼学建筑或雕塑。

第二，因为图画的欣赏可以应用在现实生活上，故图画兼有欣赏与实用的效果。譬如画一只苹果、一朵花，这些画本身原只能看看，毫无实用。但研究了苹果的色彩，可以应用在装饰图案上；研究了花瓣的线条，可以应用在瓷器的形式上。所以欣赏不是无用的娱乐，乃是间接的实用。所以学校里的图画科，尽管画苹果、香蕉、花瓶、茶壶等没有用处的画，由此所得的眼睛的练习，却已受用无穷。

因了这两个理由——图画在平面中包括立体，在欣赏中包括实用——所以图画是一切美术的本位。我们要有美术的修养，只要练习图画就是。但如何练习，倒是一件重要的事，要请大家注意：上面说过，图画兼有欣赏与实用两种效果。欣赏是美的，实用是真的，故图画练习必须兼顾"真"和"美"这两个条件。具体地说：譬如描一瓶花，要仔细观察花、叶、瓶的形状、大小、方向、色彩，不使描错。这是"真"的方面的功夫。同时又须巧妙地配合，巧妙地布置，使它妥帖。这是"美"的方面的功夫。换句话说，我们要把这瓶花描得像真物一样，同时又要描得美观。再换一句话说，我们要模仿花、叶、瓶的形状色彩，同时又要创造这幅画的构图。总而言之，图画要兼重描写和配置，肖似和美观，模仿和创作，即兼有真和美。偏废某一方面的，就不是正当的练习法。

在中国，图画观念错误的人很多。其错误就由于上述的真和美的偏废而来，故有两种。第一种偏废美的，把图画看作照相，以为描画的目的但求描得细致，描得像真的东西一样。称赞一幅画好，就说"描得很像"；批评一幅画坏，就说"描得不像"。这就是求真而不求美，但顾实用而不顾欣赏，是错误的。图画并非不要描得像，但像之外又要它美。没有美而只有像，顶多只抵得一张照相。现在照相机很便宜，三五块钱也可以买一只，我们又何苦费许多宝贵的钟头，来把自己的头脑造成一架只值三五块钱的照相机呢？这是偏废了美的错误。

丰子恺作品
《花好月圆人寿》

图画要兼重描写和配置，肖似和美观，模仿和创作，即兼有真和美。

第二种，偏废真的，把图画看作"琴棋书画"的画，以为"画画儿"是一种娱乐，是一种游戏，是消遣的。于是上图画课的时候，不肯出力，只想享乐。形状还描不正确，就要讲画意；颜料还不会调，就想制作品。这都是把图画看作"琴棋书画"的画的缘故。原来弹琴、写字、描画，都是高深的艺术。不知哪一个古人，把"着棋"这种玩意儿凑在里头，于是琴、书、画三者都带了娱乐的、游戏的、消遣的性质，降低了它们的地位，这实在是亵渎艺术！"着棋"这一件事，原也很难，但其效用也不过像叉麻雀[1]，消磨光阴，排遣无聊而已，不能同音乐、绘画、书法排在一起。倘使着棋可算是艺术，叉麻雀也变成艺术，学校里不妨添设一科"麻雀"了。但我国有许多人，的确把音乐、图画看成与"麻雀"相近的东西，这正是"琴棋书画"四个字的流弊。现代的青年，非改正这观念不可。

图画为什么和着棋、叉麻雀不同呢？就是为了图画有一种精神——图画的精神，可以陶冶我们的心。这就是拿描图画一样的真又美的精神来应用在人的生活上。怎样应用呢？我们可拿数学来做比方：数学的四则问题中，有龟鹤问题：龟鹤同住在一个笼里，一共几个头、几只脚，求龟鹤各几只？又有年龄问题：几年前父年为子年之几倍，几年后父年为子年之几倍？这种问题中

1　浙江方言，即打麻将。

所讲的事实，在人生中难得逢到。有谁高兴真个把乌龟同鹤关在一只笼子里，教人猜呢？又谁有真个要算父年为子年的几倍呢？这原不过是要借这种奇奇怪怪的问题来训练人的头脑，使头脑精密起来，然后拿这精密的头脑来应用在人的一切生活上。我们又可拿体育来比方：体育中有跳高、跳远、掷铁球、掷铁饼等武艺，这在我们的日常生活中也很少用处。有谁常要跳高、跳远，有谁常要掷铁球、铁饼呢？这原不过是要借这种武艺来训练人的体格，使体格强健起来，然后拿这强健的体格去做人生一切的事业。图画就同数学和体育一样。人生不一定要画苹果、香蕉、花瓶、茶壶，原不过要借这种研究来训练人的眼睛，使眼睛正确而又敏感，真而又美，然后拿这真和美来应用在人的物质生活上，使衣食住行都美化起来；应用在人的精神生活上，使人生的趣味丰富起来。这就是所谓"艺术的陶冶"。

图画原不过是"看看"的，但因为眼睛是精神的嘴巴，美术是精神的粮食，图画是美术的本位，故"看看"这件事在人生竟有了这般重大的意义。今天在收音机旁听我讲演的人，一定大家是有一双眼睛的，请各自体验一下，看我的话有没有说错。

中国画的特色

—— 画中有诗

一、两种的绘画

绘画,从所描写的题材上看来,可分两种:一种是注重所描写的事物的意义与价值的,即注重内容的;还有一种是注重所描写的事物的形状、色彩、位置、神气,而不讲究其意义与价值的,即注重画面的。前者是注重心的,后者是注重眼的。

注重内容的,在西洋画例如达·芬奇(原文译为列奥纳多)的《最后的晚餐》、拉斐尔(Raphael)的《圣母像》(原文译为《马童那》),是以宗教为题材的;米勒(Millet)的《拾穗者》(原文译为《拾穗》)、《持锄的男子》等,是以劳动、民众为题材的;罗赛蒂(Rossetti D.G.)的《比亚特丽丝的梦》(原文译为《斐亚德利坚的梦》)等,是以文学的浪漫思想为题材的。在中国画,例如麒麟阁功臣像[1],武梁石室的壁画[2],是以帝王、圣贤、名士、烈女、战争等事为题材的;魏、晋、六朝的佛像、天尊图,是以宗教为题材的;顾恺之的《女史箴》,是以贵族生活、风教、道德为题材的;王摩诘的《江山雪霁图》,及大部分的中国山水画,是寄隐遁思想于山水的题材上的。这等画都注重所描写的事象的意义与价值,在画的内面含蓄着一种思想、意义,或主义,诉于观者的眼之外,又诉于观者的心。

注重画面的,如西洋画中的大部分的风景画,一切的静物画,中国画中的花卉、翎毛、蔬果,都是其例。这等画的目的不在所描写的事物的意义与价值。只要画面的笔法、设色、布局、形象、传神均优秀时,便是大作品。故塞尚(Cézanne)画的一块布和几只苹果,卖给美国的资本家值许多金镑;唐伯虎画的两只蟹要当几百两银子;日本某画家画的三粒豆要卖六十块钱,使得一班商人翘舌惊问:"一粒豆值二十元?"

这两种绘画,虽然不能概括地评定其孰高孰下、孰是孰否,但从绘画艺术的境界上讲起来,其实后者确系绘画的正格,前

1　西汉甘露三年(公元前51年),汉宣帝刘询命人画霍光、张安世、韩增等十一名功臣图像于未央宫麒麟阁,以示纪念和表扬。
2　位于山东省嘉祥县纸坊镇武翟山北麓的武家林。常用名称为"武氏墓群石刻",俗称武梁祠或武氏"前石室""左石室",其石刻、画像从不同角度表现了东汉时期的社会状况、风土人情、典章制度、宗教信仰等,被历史学家们称为"汉代社会的百科全书"。

者倒是非正式的、不纯粹的绘画。什么缘故呢？绘画是眼的艺术，重在视觉美的表现。极端地讲起来，不必有自然界的事象的描写，无意义的形状、线条、色彩的配合，像图案画，或老画家的调色板、漆匠司务的作裙，有的也能由纯粹的形与色惹起眼的美感，这才是绝对的绘画。但这是穷探理窟的话，不过借来说明绘画艺术的注重视觉美罢了。所以不问所描的是什么事物，其物在世间价值如何，而用线条、色彩、构图、形象、神韵等画面的美来惹起观者的美感，在这论点上可说是绘画艺术的正格。回顾功臣图、武梁祠壁画，其实是政治的记载；释迦像、天尊像、耶稣、圣母，其实是宗教的宣传；《持锄的男子》及一切贫民、劳工的描写，其实是民主主义的鼓吹；《归去来图》《寒江独钓图》，其实是隐逸思想的讴歌。这等都是借绘画作手段，或者拿绘画来和别种东西合并，终不是纯粹的正格的绘画。微小的无意义的一粒豆、一片布、一只蟹，倒是接近绘画的正格。

中国与西洋虽然都有这两类的绘画，但据我所见，中国画大都倾向于前者，西洋画则大都倾向于后者，且在近代的印象派，纯粹绘画的资格愈加完备。请陈其理由：

中国画中虽也有取花卉、翎毛、昆虫、马、石等为画材的，但其题材的选择与取舍上，常常表示着一种意见，或含蓄着一种象征的意义。例如花卉中多画牡丹、梅花等，而不欢喜画无名的野花，是取其浓艳可以象征富贵，淡雅可以象征高洁。中国画中所谓梅兰竹菊的"四君子",完全是士君子的自诫或自颂。翎毛中多画凤凰、鸳鸯,昆虫中多画蝴蝶,也是取其珍贵、美丽,或香艳、风流等文学的意义。画马而不画猪,画石而不画砖瓦,也明明是依据物的性质品位而取舍的。唯其含有这等"画面下"的意义,故可说是倾向于第一种的。

回顾西洋画,历来西洋画的表现手法,例如重形似的写实,重明暗的描写,重透视的法则,已是眼的艺术的倾向。至于近代的印象派,这倾向尤趋于极端,全无对于题材选择的意见。布片、油罐头、旧报纸,都有入画的资格。例如前期印象派,极端注重光与色的描出,他们只是关心于画面的色彩与光线,而全然不问所描的为何物。只要光与色的配合美好,布片、苹果便是大作品的题材。这班画家,仿佛只有眼而没有脑。他们用一点一点,或一条一条的色彩来组成物体的形,不在调色板上调匀颜料,而把数种色条或色点并列在画面上,以加强光与色的效果。所以前期印象派作品,大都近看混乱似老画家的调色板或漆匠司务的作裙,而不辨其所描为何物。远远地蒙眬地望去,才看出是树是花,或是器是皿。印象派的始祖莫奈(Monet)所发表的第一次标树印象派旗帜的画,画题是《日出·印象》(原文译为《日出的印象》),画的是红的黄的各色的条子,远望去是朝阳初升时的东天鲜明华丽的模样。印象派的名称,就是评家袭用这画题上的"印象"二字而为他们代定的。像这类的画,趣味集中于"画面上"的形象、色彩、布置、气象等"直感的"美,而不关心所

法国印象派画家莫奈代表作
《日出·印象》

印象派的画,趣味集中于『画面上』的形象、色彩、布置、气象等『直感的』美,而不关心所描的内容。

描的内容；且静物画特别多，画家就近取身旁的油罐头、布片、器具、苹果一类的日常用品为题材，全无选择的意见，也无包藏象征的或暗示的意义。故比较中国的花卉、翎毛、昆虫等画，更接近于纯粹绘画的境域。我写到这里，举头就看见壁上挂着的一幅印象派作品，梵高（Gogh）的自画像。梵高在这画中描着右手持调色板、左手执笔而坐在画架前的自己的肖像。这想来是因为自画像对镜而画，镜中的左右易位，故调色板拿在右手里，笔拿在左手里了。据我所知，右手执笔是东西洋一般的共通的习惯。这幅画忠于镜中所见的姿势的写实，而不顾左右易位的事实的乖误。这种注重形式而轻视意义的办法，仅见于印象派绘画。倘不是梵高有左手执笔右手持调色板的奇习，这正是我现在的论证的一个好例了。

这两种倾向孰优孰劣、孰是孰非呢？却不便分量地批判，又不能分量地批判。在音乐上有同样的情形：不描写客观的事象而仅由音的结合诱起美感的、不用题名的乐曲，名为纯音乐或绝对音乐；其描写外界事象，而标记题名如《月光曲》《英雄交响乐》等，名为标题乐。纯音乐与标题乐，各有其趣味，不能指定其孰优孰劣、孰是孰非。同样，绘画的注重形式与注重内容也各有其价值，不能分量地批判，只能分论其趣味。注意文学的意义的绘画，与描写事象的标题乐，其实就是在绘画中与音乐中掺入一点文学。在严格的意义上，是绘画与文学、音乐与文学的综合艺术。纯粹的绘画、纯粹的音乐、好比白面包；掺入文学的意义的绘画与音乐好比葡萄面包。细嚼起白面包来，有深长的滋味，但这滋味只有易牙一流的味觉专家能领略。葡萄面包上口好，一般的人都欢喜吃。拿这譬喻推论绘画，纯粹画趣的绘画宜于专门家的赏识，掺入文学的意义的绘画适于一般人的胃口。试拿一幅塞尚的静物画《布片与苹果》，和米勒的《晚钟》（原文译为《晚祷》）并揭起来，除了几位研究线、研究touch（日本人译为笔触）的油画专家注意塞尚以外，别的人——尤其是文学者——恐怕都是欢喜《晚钟》的吧！

所以我的意见，绘画中掺入他物，须有个限度。拿绘画来作政治记载、宗教宣传、主义鼓吹的手段，使绘画为政治、宗教、主义的奴隶，而不成为艺术，自然可恶！然因此而绝对杜绝事象的描写，而使绘画变成像印象派作品的感觉的游戏，作品变成漆匠司务的作裙，也太煞风景了！人生的滋味在于生的哀乐，艺术的福音在于其能表现这等哀乐。有的宜乎用文字来表现，有的宜乎用音乐来表现，又有的宜乎用绘画来表现。这样想来，在绘画中描点人生的事象，寓一点意思，也是自然的要求。看到印象派一类的绘画，似乎觉得对于人生的观念太少，引不起一般人的兴味，因此讴歌思想感情的一类中国画，近来牵惹了一般人的我的注意。

二、画中有诗

"画中有诗",虽然是苏东坡评王维的画而说的话,其实可认为中国画的一般的特色。

中国画所含有的"诗趣",可分两种看法。第一种,是画与诗的表面的结合,即用画描写诗文所述的境地或事象,例如《归去来图》依据《归去来辞》之类;或者就在画上题诗句的款,使诗意与画义、书法与画法作成有机的结合,如宋画院及元明的文人画之类。第二种看法,是诗与画的内面的结合,即画的设想、构图、形状、色彩的诗化。中国画的特色,主在于第二种的诗趣。第一种的画与诗的表面的结合,在西洋也有其例。最著名的如十九世纪英国的新拉斐尔前派的首领罗赛蒂的作品。他同我们的王维一样,是一个有名的英国诗人兼画家。他曾画莎翁剧中的渥斐利亚(今多译为奥菲丽亚),又画但丁《神曲》中的比亚特丽丝的梦。第二层的内面的结合,是中国画独得的特色。苏东坡评王维的画为"画中有诗",意思也就在此。请申述之:

中国画的一切表现手法,凡一山一水,一木一石,其设想、布局、象形、赋彩,都是清空的、梦幻的世界,与重浊的现实味的西洋画的表现方法根本不同。明朝时候,欧洲人利玛窦到中国来,对中国人说:"你们的画只画阳面,故无凹凸,我们兼画阴阳面,故四面圆满。"哪晓得这"无凹凸"正是中国画表现法

（明）蓝瑛作品
《山水十开·之十》

中国画的一切表现手法，凡一山一水，一木一石，其设想、布局、象形、赋彩，都是清空的、梦幻的世界。

的要素。无凹凸，是重"线"的结果。所以重线者，因为线是可以最痛快最自由地造出梦幻的世界的。中国画家爱把他们所幻想而在现世见不到的境地在画中实现，线就是造成他们的幻想世界的工具。原来在现实的世界里，单独的"线"的一种存在是没有的。西洋画描写现世，故在西洋画中（除了模仿中国画的后期印象派以外）线不单存在，都是形的界限或轮廓。例如水平线是天与海的形的界限，山顶是山的形的轮廓。虽然也有线，但这线是与形相关联的，是形的从属，不是独立的存在。只有在中国画中有独立存在的线，这"线的世界"，便是"梦幻的世界"。

做梦，大概谁也经历过：凡在现实的世界中所做不到的事、见不到的境地，在梦中都可以实现。例如庄子梦化为蝴蝶，唐明皇梦游月宫。化蝴蝶，游月宫，是人所空想而求之不得的事，在梦中可以照办。中国的画，可说就是中国人的梦境的写真。中国的画家大都是文人士夫，骚人墨客。隐遁、避世、服食、游仙一类的思想，差不多是支配历来的中国士人的心的。王摩诘被安禄山捉去，不得已做了贼臣，贼平以后，弟王缙为他赎罪，复了右丞职。这种浊世的经历，在他有不屑身受而又无法避免的苦痛，所以后来自己乞放还，栖隐在辋川别业的水木之间，就放量地驱使他这类的空想。假如他想到：最好有重叠的山，在山的白云深处结一个庐，后面立着百丈松，前面临着深渊，左面挂着瀑布，右面耸着怪石，无路可通；我就坐在这庐中，啸傲或弹琴，与人世永远隔绝。他就和墨伸纸，顷刻之间用线条在纸上实现了这个境地，神游其间，借以浇除他胸中的隐痛。这事与做梦有什么分别？这画境与梦境有什么不同呢？试看一般的中国画：人物都像偶像，全不讲身材四肢的解剖学的规则。把美人的衣服剥下，都是残废者；三星图中的老寿星如果裸体了，头大身短，更要怕死人。中国画中的房屋都像玩具，石头都像狮子老虎，兰花会无根生在空中，山水都重重叠叠，像从飞艇中望下来的光景，所见的却又不是顶形而是侧形。凡西洋画中所讲究的远近法、阴影法、权衡法（proportion）、解剖学，在中国画中全然不问。而中国画中所描的自然，全是现世中所见不到的光景，或奇怪化的自然。日本夏目漱石评东洋画为"grotesque（荒唐）的趣味"。Grotesque的境地，就是梦的境地，也就是诗的境地。

我看到中国的旧戏与新式的所谓"文明戏"，又屡屡感到旧戏与中国画的趣味相一致，新戏与西洋画的趣味相一致。这真是一个很有趣的比喻。旧戏里开门不用真的门，只要两手在空中一分，脚底向天一翻；骑马不必有真的马，只要装一装腔；吃酒不必真酒、真吃，只要拿起壶来绕一个抛物线，仰起头来把杯子一倒；说一句话要摇头摆尾地唱几分钟。如果真有这样生活着的一个世界，这岂不也是grotesque的世界？与中国画的荒唐的表现法比较起来，何等的类似！反之，新戏里人物、服装、对话，都与日常生活一样，背景愈逼真愈好，骑马时舞台上跑出真的马来，吃酒吃饭时认真地吃，也都与现世一样。比较起西洋画的实感的表现法来，也何等的类似！

实际的门与马固然真切而近于事实,但空手装腔也自有一种神气生动的妙趣,不像真的门与真的马的笨重而煞风景;对唱固然韵雅,但对话也自有一种深切浓厚的趣味,不像对唱的为形式所拘而空泛。故论到画与诗的接近,西洋画不及中国画;论到剧的趣味的浓重,则中国画不及西洋画。中国画妙在清新,西洋画妙在浓厚;中国画的暗面是清新的恶称"空虚",西洋画的暗面是浓厚的恶称"苦重"。于是得到这样一个结论:

"中国画是注重写神气的。西洋画是注重描实形的。中国画为了要活跃地写出神气,不免有时牺牲一点实形;西洋画为了要忠实地描出实形,也不免有时抹杀一点神气。"

头大而身伛偻,是寿星的神气。年愈高,身体愈形伛偻短缩而婆娑,寿星千龄万岁,画家非尽力画得身材缩短庞大,无以表出其老的神气。按之西洋画法上的所谓解剖学,所谓"八头画法"(eight heads,男身自顶至踵之长为八个头之长。中国画中的老寿星恐只有三四头),自然不合事理了。又山水的神气,在于其委曲变幻的趣致。为了要写出这趣致,不妨层层叠叠地画出山、水、云、树、楼、台,像"山外清江江外沙,白云深处有人家"或"山外青山楼外楼"一类的诗境。远近法合不合,实际上有无这风景,正不必拘泥了,苏东坡所谓"画中有诗",就是这个意思吧!

以上所论,就是我上面所说的第二种看法,画与诗的"内面的结合"。这是中国画的一般的特色。第一种看法，画与诗的表面的结合，在后面说的宋画院及元明以后的文人画中，其例甚多。中国画之所以与诗有这样密切的关系者，是文化的背景所使然。推考起来，可知有两种原因。第一，中国绘画在六朝以前一向为政治、人伦、宗教的奴隶，为羁绊艺术的时期很长久，因此中国的大画家差不多尽是文人或士大夫。从事学问的人，欢喜在画中寓一种意义，发泄一点思想，看画的人也养成了要在画中追求意义的习惯。第二，宋朝设立画院，以画取士，更完成了文人士夫的画风。分述如下：

三、文人画家与王维

中国画家之所以多文人士夫者，是因为中国画久为羁绊艺术的缘故。我国的绘画，在六朝以前全是羁绊艺术。远溯古昔，周朝明堂的四门墉[1]上画尧舜桀纣的像，及周公相成王之图，以供鉴戒。孔子看了徘徊不忍去，对从者说："此周之所以盛也。"汉宣帝命画功臣十一人像于麒麟阁，以旌表士大夫功勋；元帝命毛延寿画王昭君等后宫丽人，以便召令；后汉明帝画佛像，安置于陵庙，又命于白马寺壁上画《千乘万骑绕塔三匝图》；光武帝陈列古圣贤后妃像于楼台，以为鉴戒标目；灵帝、献帝，均于学门礼殿命画孔子及七十二弟子像；顺帝命作孝子山堂祠石刻，记载战

1　高墙。

争风俗等故事；桓帝命作武梁祠石室的刻画，刻的也是神话、历史、古代生活状态。这等各时代的绘画的重大作品，都是人伦的补助、政教的方便，又半是建筑物上的装饰。

到了六朝，方始渐渐脱却羁绊，发生以美为美的审美的风尚，为我国绘画的自由艺术的萌芽。然而那时候，春秋战国之世的自由思想的结晶的老子教渐渐得势了，就造成了当时的山水画的爱自由、好自然的风尚。当时画家特别欢喜画龙，为它有无限变幻，而能显自然的力。他们欢喜画龙虎斗，暗寓物质为灵魂的苦战与冲突的意义。六朝以后，绘画虽脱离羁绊而为自由艺术，然在绘画中表现一种思想或意义，永远成了中国画的习惯。因此执笔者都让文人士夫，纯粹的画工，知名者极少。

中国的大画家，大都是文人、士夫、名士或隐者。从自由艺术的时代六朝说起，我国最早的大画家东晋的顾恺之，就是一个博学宏才的人，精通老庄之学的。他的最大作品，便是《〈女史箴〉图卷》（描写张华的《女史箴》的）与《〈洛神赋〉图卷》（描写曹植的《洛神赋》的）。同时的谢安，是宰相画家。王廙及其从孙画家王献之、从子书家王羲之，都是风流高迈的名士。戴家父子，戴逵、戴勃，是全家隐遁的。六朝的画家中，宗炳、王微二人正式地开了文人士夫画的先声。他们是山水名手，又作《画叙》文一篇，相偕隐于烟霞水石之间，弄丹青以自娱，为中国正式的 amateur（业余爱好者）画家的先锋。唐代开元三大家，吴带当风的吴道玄、北宗画祖的李思训、南宗画祖的王维，统是有官爵的。吴是内教博士；李是唐宗室，以战功显贵，官武卫大将军；王是进士，官尚书右丞，故世称南北宗画祖的"李将军与王右丞"。在宋代，特别奖励绘画，优遇画人，文人士夫的画家更多。如米元章及其子米友仁，都是书画学博士。马远、夏圭、梁楷，都为画院待诏，赐金带。元代的赵子昂（即赵孟頫），封魏国公，又为当时学界第一人。明代画家多放浪诗酒的风流才子。像唐寅、祝枝山、文徵明，是其著者。董其昌兼长书画，亦有官爵。细查起中国绘画史来，就可知中国画家不是高人隐士，便是王公贵人。中国画隆盛期之所以偏在兵马仓皇的时代，如六朝、五代、南宋者，恐怕就是为了他们视绘画与诗文一样，所以"穷而后工"的吧！不过从来的画人中，诗与画兼长而最有名的，要推王维，"画中有诗"的荣冠，原只能加在他头上。他实在是中国画的代表的画家。现在略叙其生涯与艺术于下。

王维字摩诘，是太原人。玄宗开元九年擢第进士，官尚书右丞。奉事他母崔氏很孝，据说居丧时"柴毁骨立，殆不胜丧服"。摩诘通诸艺，诗人的地位与李杜并驾，为当时诗坛四杰之一。所以当时的权门富贵，都拂席相迎，宁王、薛王尤其尊重他如师友。安禄山反，王摩诘为贼所捕，被迎到洛阳，拘留他在普施寺。安禄山晓得他的才能，强迫他做了给事中。因之贼平之后，他就以事贼之罪下狱。幸而他的弟王缙自愿削刑部侍郎职以赎兄罪，王摩诘得复右丞官职。后来他上书陈自己五短及其弟五长，乞放还，栖隐于辋川别业的木水琴书之间，悠悠地度其余生。他妻死后不再娶，孤居一室凡三十一年，隔绝尘累。他们兄弟均深信佛法，平居常蔬食，不茹荤血。隐居之间，襟怀高旷，魄力宏大，于画道颇多创意，渲淡墨法，就是他的创格。故当时的画家都说他是"天机到处，学不可及"的。苏东坡说："味摩诘之诗，诗中有画；观其画，画中有诗。"他的画，都是"无声诗"，后世文人，都学他的画风。中国绘画史上的文人画家的位置就愈加巩固了。

看了王摩诘的大作《江山雪霁图》，使人自然地想起他的"江流天地外，山色有无中"（《汉江临眺》）的两句诗。而因了苏东坡的一句话，我回想起他别的诗来，似乎觉得果然处处有画境了。他自从栖隐于辋川别业以后，对于自然非常爱好，每当临水登山，对落花啼鸟，辄徘徊不忍去，因此可知他是非常富于情感的人。所以他的画，即如《江山雪霁图》中所见，都像春日的和平，像 Utopia（乌托邦）的安逸，绝无激昂的热情。原来他为人也如此：当他被安禄山所捕的时候，他只是私诵"万户伤心生野烟，百官何日再朝天？秋槐花落空宫里，凝碧池头奏管弦。"（《私成口号示裴迪》）

"私成口号"者，就是不落稿而口吟，窃自悲伤，并不起而反抗运命。被强迫做给事中，他也并不认为"有辱宗庙社稷"而坚拒，然这诗已从他心中吐露着他的失国的悲哀。我以为这与李后主的"最是仓皇辞庙日，教坊犹奏别离歌，挥泪对宫娥"同一态度。这也是一格：岂必骂贼而死，或自刎于宗庙，才算忠臣圣主呢？"什么宗庙、社稷，肮脏的东西！只有情是真的、善的、美的！"我不禁要为王摩诘与李后主的失节竭力辩护。

王摩诘的诗中，画果然很多。而且大都是和平的纤丽的风景画。据我所见，除了一幅"回看射雕处，千重暮云平"（《观猎》）壮美以外，其他多数是和平的、Utopia 的世界。如：

  人闲桂花落，夜静春山空。（《鸟鸣涧》）
  返影入深林，复照青苔上。（《鹿柴》）
  家住水西东，浣纱明月下。（《白石滩》）
  深林人不知，明月来相照。（《竹里馆》）
  隔浦望人家，遥遥不相识。（《南垞》）
  明月松间照，清泉石上流。（《山居秋暝》）
  落花寂寂啼山鸟，杨柳青青渡水人。（《寒日汜上作》）
  漠漠平沙飞白鹭，阴阴夏木啭黄鹂。（《积雨辋川》）

还有数幅是纤丽的：

  竹喧归浣女，莲动下渔舟。（《山居秋暝》）
  涧户寂无人，纷纷开且落。（《辛夷坞》）
  黄莺弄不足，衔入未央宫。（《左掖梨花》）

以上数例,不过是我在手边的唐诗里面随便检出来的。想来他的"无形画"一定不止这几幅;且我所看中的在读者或不认为适当,也未可知。然他的诗中的多画,是实在的。

至于他的画,可惜我所见太少,不能饶舌。唯翻阅评论及记载,晓得他的画不是忠于自然的再现的功夫的,而是善托其胸中诗趣于自然的。他是把自己的深的体感托自然表出的。他没有费数月刻画描写嘉陵江三百余里山水的李思训的工夫,而有健笔横扫一日而成的吴道子的气魄。这是因为描写胸中灵气,必然用即兴的、sketch(速写)的表现法,想到一丘,便得一丘;想到一壑,便得一壑,这真是所谓"画中有诗"。

据评家说,王维平生喜画雪景、剑阁、栈道、罗网、晓行、捕鱼、雪渡、村墟等景色。他的山水是大自然的叙事诗。他所见的自然,像他的人,没有狂暴、激昂,都是稳静、和平。他的水都是静流,没有激湍;他的舟都是顺风滑走的,没有饱帆破浪的;他的树木都是疏叶的,或木叶尽脱的冬枯树,没有郁郁苍苍的大木,也没有巨干高枝的老木。他的画中没有堂堂的楼阁,只有田园的茅屋,又不是可以居人的茅屋,而是屋自己独立的存在,不必有窗,也不必有门,即有窗门,也必是锁闭着的。这等茅屋实在是与木石同类的一种自然。他的画中的点景人物,也当作一种自然,不当作有意识的人,不必有目,不必有鼻,或竟不必有颜貌,与别的自然物同样地描出。总之,他的画的世界就是他的诗的世界。故董其昌说他的《江山雪霁图》为"墨皇",又说"文人画自王右丞始"。因为后世文人,仿王摩诘之流者甚众,造成了"文人画家"的一个流派。但后世文人画家,多故意在画中用诗文为装饰,循流忘源,渐不免失却王维的"画中有诗"的真义。至下述的赵宋画院,更就画题钻刻画,有意地硬把文学与绘画拉拢在一块,充其过重机敏智巧的极端,绘画有变成一种文艺的游戏或谜语之虞。像下述的画院试题一类的办法,当作绘画看时,未免嫌其多含游戏的或谜语的分子,不如说是另一种文学与绘画的综合艺术,倒是一格。

四、宋画院——综合艺术

宋朝设立画院,以画取士。当时政府的奖励绘画,优遇画家,为古今东西所未有。徽宗皇帝非常爱好文艺,又自己善画。故画院之制虽在南唐早已举行,到了宋朝而规模大加扩张了。当时朝廷设翰林画院,分待诏、祇候、艺学、画学正、学生、供奉诸阶级,以罗集天下的画人。画院中技艺优秀的,御赐紫袍,佩鱼。又举行考试,以绘画取士。其法,敕令公布画题于天下,以课四方画人,凡入选,就做官。所以那时候的画家,实在是"画官",坐享厚禄,比现在卖画的西洋画家要阔绰得多。这实在是照耀中国绘画史的一大盛事!

画院的试法,非常有趣:用一句古诗为试题,使画家巧运其才思,描出题目的诗意。据我所见闻,有几个例——

画题:《踏花归去马蹄香》。这画题的"香"字很难描出,而且不容易描得活。有一个画家画一群蝴蝶逐马蹄飞着,就把"香"字生动地写出了。又如——

画题:《嫩绿枝头一点红,恼人春色不须多》。一般画家都描花卉树木,表出盛春的光景,以传诗意,但都不中选。入选的一人,画的是一个危亭,一个红裳的美人如有所思地凭在亭中的栏杆上,与下面的绿柳相照映。

画题:《蝴蝶梦中家万里,杜鹃枝上月三更》。王道亨入画院时,所课的是这画题。他的画材是汉朝的苏武被虏入朔方的光景:画抱节的苏武在满目萧条的异国的草原上牧羊,以腕倚枕而卧,又画双蝶仿佛飞舞于其枕畔,以表示其故国之梦的浓酣。又画黑暗的森林,被明月的光照着,投其枝叶树干的婆娑的影于地上,描出在枝上泣血的子规诉月的样子。

我又记得幼时听人说过同样的几例。如——

画题:《深山埋古寺》。虽然不知是否宋画院试题,但也是一类的东西。画家中有的画深山古木,中间露出一寺角;有的画一和尚站在深山丛林之中。但都不中选。其一人画深山与涧水,并无寺角表露,但有一和尚在涧边挑水,这画就中了选。因为露出寺角,不算"埋",于"埋"字的描写未见精到;和尚站在山中,也许是路过或游览,里面未必一定有寺。今画一和尚担水,就确定其中必有埋着的古寺了。

画院试法,自然不是宋代一切画法的代表。然其为当时一种盛行的画风,是无疑的。考其来因,亦是时代精神、思潮风尚所致:宋朝文运甚隆,学者竞相发挥其研究的精神,耽好思索,理学因之而臻于大成。这时代的学术研究,为中国思想史上一大关键,当时非儒教的南方思想,达于高潮。一般学者均重理想,欢喜哲学的探究,对万事都要用"格物致知"的态度来推理,因之绘画也蒙这影响,轻形实而重理想了。这种画院试法,便是其重理想的画风的一面。

看了这种画法,而回溯文画家之祖的王维的画风,可显见其异同。王维的"画中有诗"是融诗入画,画不倚诗题,而可独立为"无声诗"。反转来讲,"诗中有画"也就是融画入诗,诗不倚插画,而可独立为"有声画"。宋画院的画风,则画与诗互相依赖。即画因题句而忽然增趣,题句亦因画而更加活现,二者不可分离。例如《踏花归去马蹄香》一画,倘然没有诗句,画的一个人骑马,地下飞着两只蝴蝶,也平常得很,没有什么警拔;反之,倘没有画,单独的这一句七言诗,也要减色得多。至如《深山埋古寺》,则分离以后,画与诗竟全然平庸了。所以这类的画,

《听琴图》

北宋宣和画院佚名画师作品

聽琴圖

吟徵調商竈下桐
松間疑有入松風
仰窺低審含情客
以聽無絃一弄中
　　　臣京謹題

宋画院的画风，则画与诗互相依赖。即画因题句而忽然增趣，题句亦因画而更加活现，二者不可分离。

不妨说是绘画与文学的综合艺术。试看后来,倪云林之辈就开始用书法在画上题款。据《芥子园画传》所说:"元以前多不用款,或隐之石隙……至倪云林,书法遒逸,或诗尾用跋,或后附诗。文衡山行款清整,沈石田笔法洒落,徐文长诗歌奇横,陈白阳题志精卓,每侵画位。"题款侵画位,明明是表示题与画的对等地位,且他们讲究"行款清整""笔法洒落""诗歌奇横",则又是书法、诗文、绘画三者的综合了。

综合艺术与单纯艺术孰优孰劣,不是我现在要讲的问题。绘画无论趋于单纯、综合,都是出于人类精神生活的自然的要求,不必分量地评定其孰高孰下。宋画院的画风,其极端虽然不免有游戏的、谜语的分子,然就大体而论,也自成一格局。这犹之文学与音乐相结合而表现的中国的词、曲,西洋的歌曲(lieder,即普通学校里教唱的歌曲)。王摩诘的画,融化诗意于画中,犹之融化诗意于音乐中的近代标题乐(program music)。音乐不俟文学的补助,而自能表出诗意。至于前面所举的蟹、布片、苹果、豆、油罐头——严格地说,图案模样——则单从画面的形色的美上鉴赏,可比之于音乐中的纯音乐(pure music),即绝对音乐(absolute music)。歌曲、标题乐、绝对音乐,是音乐上的各种式样,各有其趣味,则绘画上自然也可成各种式样,有各种趣味。那是音乐与文学的交涉,这是绘画与文学的交涉。这种画风,正是中国绘画所独得的特色。在西洋绘画中,见不到这种趣味,关于宗教政治的羁绊艺术的绘画,在西洋虽然也有,然与文学综合的画风真少得很。即使有，也决不像中国的密切结合而占有画坛上的重要的位置。据我所知，西洋名画家中，只有前述的新拉斐尔前派的罗赛蒂专好描写文学的题材，其所画的莎士比亚的《哈姆雷特》（原文译为《哈孟雷特》）中的渥斐利亚、但丁的《神曲》里的陪亚德利兼，体裁相当我国的《归去来图》《赤壁之游图》之类。然新拉斐尔前派只在十九世纪中叶的英国活动一时，不久就为法国的印象派所压倒，从此湮没了。试看一般西洋画上的画题，如《持锄的男子》《坐在椅上的女子》等，倘然拿到中国画上来做题款，真是煞风景得不堪了；但配在西洋画上，亦自调和，绝对不嫌其粗俗。反之，在一幅油画上冠用《夕阳烟渚》《远山孤村》一类的画题，或题几句诗，也怪难堪，如同穿洋装的人捧水烟筒。东西洋的趣味，根本是不同的。

一九二六年十月，在江湾立达学园

西洋画的看法

一、对于绘画的误解

艺术品中最容易惹人批评的，大概要算绘画了。因为绘画可以花极短的时间（数秒钟）看完，不像文学的要费心来通读之后，才得知其内容。又绘画所描出的东西，大家一望而知，有目共赏，不比音乐的要有练习的耳朵方能懂得，所以大多数的人，看到一幅绘画，总要在观赏之后说几句评语，例如说"我觉得这画××""其中的××画得不像"，或"其中的××画得最好"，又或搬出许多文学的形容词来卖弄一番 rhapsodic（狂言）的才能。

然而一般人的对于绘画的看法，往往容易犯下列的三种通病，即第一是要追求所画的是什么东西，第二是要追求这画所表示的是什么意思，第三是要作 rhapsody（狂言）的批评。因了第一种的误解，故对于画要批评其画得像不像实物，而误认像不像为好不好；因了第二种的误解，于是把绘画看作广告画、宣传品、插画一类的非纯正艺术；至于第三种的rhapsodic的批评，则态度更为荒唐的、不诚实的、虚伪的。即第一种把绘画实用化，第二种把绘画奴隶化，均为真的绘画鉴赏的障碍物；第三种则动机不良，态度不正，其去真的绘画鉴赏更远了。

申言之，第一，例如近代印象派的绘画，有的画面粗得很，近看但见色点或色条，而不辨所描为何物，于是一般人看了就不欢喜，说是乱涂。这固然难怪我国的一般人，就是西洋人，在二三十年前也是骂印象派绘画为乱涂的。又如粗草的铅笔画，木炭画的sketch（速写），有时也只有构图的轮廓，不辨所描为何物，于是一般人也不欢喜。依他们的希望，似乎一切直线要用直线规才好，一切圆线要用两脚规才好，涂色要像印刷才好，精细得像博物挂图，逼真得像照相，方才是他们所欢喜的画。第二，例如指明这是耶稣的最后的晚餐，这是但丁的《神曲》的Beatrice（比亚特丽丝），于是他方才有兴味，因了所描写的人物的意义好，而觉得这画也当然好了。倘照他们的意思，一切孙中山肖像都是名画，曼陀的时装美女比Cézanne（塞尚）的静物画好得多了。第三，例如有一个人看了一幅画，说："这画……我的心灵完全被它魅惑了。我呆呆地对它看了三个钟头，尤其是某处的某线，最能摄引我的灵魂，使我同它一同跳舞。在画中的某处，我仿佛听见天国的音乐的微妙的声响……"这种话至少可说是过偏主观的批评。虽然我不能证明他一定是夸张、说谎，然而即使他个人真个感到如此，亦不过是他的神经衰弱的病状而已，不能当作公正的批评。我认为这是卖弄文笔的 rhapsody 的批评，为批评界中的大忌。然而世间的确有这样的人存在且活动着。

上述的三种看法，都是误解。何以故？因为这种都不是艺术鉴赏的正当的态度。画是艺术，故看画必须用艺术鉴赏的态度。现在先把艺术鉴赏的态度略说一说。

二、艺术鉴赏的态度

要讲艺术鉴赏，先须明白艺术的性状。人人都会说什么"艺术学校""艺术科""艺术家"，可是所谓"艺术"的真相，决不是俗眼能梦见的，因为俗人的眼沉淀在这尘世的里巷市井之间，而艺术则高超于尘世之表。故必须能提神于太虚而俯瞰万物的人，方能看见"艺术"的真面目。何谓"高超于尘世之表"呢？就绘画而说，画家作画的时候，把眼前森罗万象当作一片大自然的 page（页），而决不想起其各事物的对于世间人类的效用与关系。画家的头脑，是"全新的"头脑，毫无一点儿世间的陈见；画家的眼，是"洁净"的眼，毫无一点儿世智的尘埃。故画家作画的时候张开眼来，所见的是一片全不知名，全无实用，而又庄严灿烂的乐土。这是一个全新的世界，美的世界，无为的世界，无用的世界。山是屏，川是带，不是地理上、交通上的部分；树是装饰，不是有用的果树或木材；房屋是玩具，不是住人的家；

田野是大地的衣襟，不是稻麦的产地；路是地的静脉管，不是可以行人的道；路上行人的往来都是演剧、游戏，不是干事；牛、羊、鸡、犬、鱼、鸟，都是这大自然的点缀，不是有用处的畜牧——有了这样的心境与眼光，方然能面见"美"的姿，感激欢喜地把这"美"的姿描在画布上，就成为叫作"绘画"的一种"艺术"。所以艺术的绘画中的两只苹果，不是我们这世界里的苹果，不是甜的苹果，不是七八个铜板一只的苹果，而是孤立无用的苹果，即苹果自己的真相。绘画中的裸体模特儿，不是这世间的风俗、习惯、道德之下的一个女人，而是造物者的一个最得意的作品，所以模特儿并不是妨碍风教道德的事。读者诸君，上面的话不是我的 rhapsody，是真实的情形！原来宇宙万物，各有其自己独立的意义，决不是为吾人而生的。世间的一切规则、习惯，都是人为了生活方便而杜造出来的。美秀的稻麦舒展在阳光之下，分明自有其生的使命，何尝是供人充饥的呢？玲珑而洁白的山羊点缀在青草地上，分明是好生好美的神的手迹，何尝是供人杀食的呢？草屋的烟囱里的青烟，自己表现着美丽的曲线，何尝是烧饭的偶然的结果？池塘里的楼台的倒影，原是来助成这美丽的风景的，何尝是反映的物理的作用？聪明的读者，在这里一定可以悟到看画的方法了。要之，艺术不是技巧的事业，而是心灵的事业；不是世间事业的一部分，而是超然于世界之表的一种最高等人类的活动。故艺术不是职业，画家不是职业。故画不是商品，不是实用品。故练画不是练手腕的，是练心灵的。看画不是用眼看的，是用心灵看的。

质言之，用艺术鉴赏的态度来看画，就是请解除画中物对于世间的一切关系，而认识其物的本身的姿态。换言之，即请勿想起画中物的在世间的效用、价值等关系，而仅鉴赏其瞬间的形状色彩——这样，才是绘画的真理解。到了绘画的真理解的地步，前述的三种误解自然不会发生了。

既说过艺术的鉴赏的态度，现在要移进一步，就西洋的绘画的特质说一说。

三、西洋画的特质

从前利玛窦到北京，教北京人画擦笔肖像画，对人说："你们中国的画只描阳面，故平面的；我们西洋的画兼描阴阳二面，故立体的。"原来中国的画，向来是用线勾出图形，而不描明暗阴影的，故中国画都像图案。西洋画法中则有形（figure）、调子（tone）、色彩（color）三种练习。所谓调子者，就是明暗。譬如一人倚在窗边，则其人的向窗外的一面是明的，向室内的面是暗的，描的时候就是半只脸孔黑，半只脸孔白。初有照相的时候，中国人对于取半黑半白的光线的照相惊讶为疮斑脸，便是为了中国人看惯没有明暗的中国画的缘故。这是西洋画对于中国画的最显著的区别之一。然西洋画之异于中国画者，不仅这一点，还有根本的差异,今试述于下。

去年的《一般》杂志上,曾登载我的一篇文字,叫作《中国画与西洋画》。其文开始用梦比方中国画,用真比方西洋画;又用旧剧比方中国画,用新剧比方西洋画。大意是说,中国人的自然观照注重物的神气,而不注重形似;西洋画则反之,注重形似而不注重神气。中国画为了要生动地描出神气,有时不免牺牲一点儿形似,例如三星图里的老寿星头大身短,美人的削肩不合解剖学理便是。又西洋画为了要忠实地描出形似,有时不免牺牲一点神气,例如绘画与照相相类似,远望画中物与真物无异,凝固而不清新。故奇形怪状的中国画的表现,好比现世所做不到的梦中的情形,或不像如实生活的旧剧的表现,照相式的西洋画的表现则好比真的世界的实在情形,或一如实生活的新剧的表现。这是西洋画对于中国画的最显著的特质。

其次,从这特质上出发,西洋画比起中国画来还有许多点的特质:即西洋画注重远近法(perspestive)。凡物的形体必依照正确的透视的法则,在中国画则但写意趣,不拘法则。又西洋人物画注重人体的解剖法(anatomy)、比例法(proportion)。凡人物各部骨骼、筋肉及长短、大小、比例,均须依照各种规则,如实描写;中国画则但表神情,不求肖似实形。又西洋画(尤其是近代的画派)取材范围广泛,自风景、人物,以至静物,凡自然界

（明）陈洪绶作品
《山水物件花卉册·之一》

中国画为了要生动地描出神气，有时不免牺牲一点儿形似，例如美人的削肩不合解剖学学理便是。

（法）保罗·塞尚作品
《静物》

西洋画（尤其是近代的画派）取材范围广泛，自风景、人物，以至静物，凡自然界事物，几乎皆可入画。

事物，几乎皆可入画。中国画则于画材选择上颇有意见与型范，所收事物不及西洋画的广泛。又从用具上看，中国画用毛笔在吃水的宣纸上挥毫，非常注重笔意，即非常注重线条；西洋画则用刷子涂油漆在布上，虽然也自有笔触（touch），然多涂刷，远不如中国画的以线条为主，注重线条的力。后期印象派以后，西洋画亦重用线条，便是受中国画的影响。

然而这种种不同，皆源出于其对于自然表现法的根本的差异上，即如前所述，西洋画置重于写实，中国画置重于传神，因而发生种种不同的状况。这写实与传神，换言之，便是剧的与诗的，即东洋画的表现是诗的、非现实的，西洋画的表现是剧的、现实的。我们鉴赏艺术，对于诗的描写觉得其清淡可喜，对于剧的描写也觉得其浓重可喜，即各有各的长处，未便分量地判定其孰优孰劣。试于绘画展览会中，先入中国画室，看了许多轻描淡写的中国画之后，转入西洋画室的时候，必突然感到西洋画的浓重切实的美味，相形之下，就觉得中国画不免一味清淡而有"空虚"的缺陷。反之，先入西洋画室，看了许多堆涂浓厚的西洋画之后，转入中国画室，也必突然感到中国画的清新而轻快的美味，相形之下，就觉得西洋画不免一味写实而有照相式的"苦重"的缺陷——然而这原是对于二者毫无成见的公正的批评者的话，倘掺入个人的特殊的好尚，当然所见不同了。

如上所述，西洋画的特质在于其照相式的浓重的趣味。然而不可误会这"照相式"三字,决不是用以贬西洋画的,不过要说出西洋画的特质,暂借为形容词而已。西洋画决不是照相,决没有像照相的机械的、死板的缺点。不但如此,这正是其特殊的优点。何以言之?清淡的写神的画法,容易落入一种固定的"型(type)",唯天才妙手能创造之,弩才者仅事刻划模仿而已。故中国画之下乘者(像现今流行的一般的商卖品),几乎只是机械的模仿与凑合,而全无生气,这是有目者所共见的现状。反观西洋画,唯其崇尚忠实的写实,故作画均取法自然,较为不易陷入定"型"。只要有如前第二节所述的自然观照的心与眼,虽多数画家描写同一的对象,亦可各写所感而各为全新的创作。故在初学美术的学生的作品中,也能常常发现非常可取的、有独得的趣味的作品,这也是稍关心于美术者所共知的实在的情形。这种情形,正是西洋画的长处,正是西洋画的便于学习的优点。学中国画不得其正途,每易陷于模仿的死的工作,学西洋画则可无此弊,因为学西洋画不要临本,一切均以自然为师。所谓"照相式"者,就是谓其"描写目前的自然物的瞬间的印象"的方法与摄影相似而已,决不是说西洋画的价值与照相一样。不然,美术学生的头,比二三十块钱一架的照相机还不如了。

试看写实主义的米勒等的绘画,印象主义的莫奈、马奈(Manet)等的绘画,外形很像一张照相,然而细味其构图的巧妙、色彩的谐和、笔法的自然,以及全体的团结与统一,即各部对于全体的集中，即宾主地位的得宜，方知其中笔笔有效果，笔笔有作用，即不能增一笔，不能减一笔——这是佳作的重要条件，亦即艺术的绘画之所以异于照相的特色。这叫作"画面美"。次就画面美略申说之。

四、画面美

画面美可就形、色、调子三方面论，而就中以形美为最重要。

形就是骨骼，就是构图。西洋人有句话："男人看画看构图，女人看画看色彩，儿童看图看事物。"这话很有趣味。男子富于构成组织的能力，对事物能从大处着眼，故看画也最先注目其全部的构造；女子富于感情，善于直观的感受，故对于画也最先受其色彩的诱惑；儿童缺乏理性的锻炼，未能体得艺术的创作的心情，其本身是一天然的艺术，而不能鉴赏世间的人为的艺术，故对画容易起理知的推究，而必首先追究所画的是什么东西。然而一幅画的最重要的君主，是其构图，而色彩等仅处辅相的地位，这也犹之一个家庭中由男子做主人，而女子与儿童则各为其中一员而助成之。

所谓构图，就是一幅画中的物的位置。换言之，即画面的空间的分割。绘画是空间艺术，当然重视空间。在图画纸上一条、一块、一点，均有价值与效用，决不许随便伸缩，犹之在时间艺术的音乐中，拍子历时的长短不容随便延长或缩短。普通学生及一般人，对于这点每多根本误会。例如画几只苹果，他们的意思以为只要在纸上画出几只苹果，形状不错，数目不缺少，用笔工整一点，就算已经成功一幅画。而对于纸上的地位，全不讲究，狭窄一点儿也不妨，多空一点儿也不妨。这是学画看画上最根本的错误。要知绘画是空间艺术，绘画的生命全然寄托在空间上，即绘画的美不美全视空间分割的得宜与否而定，岂容任意伸缩位置或多留空地。在图画纸或油画布上，没有无用的地位，即没有所谓"空地"。苹果四周的余地，不是无用的空地，是对于主物的苹果有陪衬的作用的"背景"。构图恰好的绘画，纸的四边不能伸缩一点，倘把它在一边上裁去一条，竟能使其画顿减失其美。反之，不甚恰好的画在一边上裁去一条纸而忽然增色的也有，这是研究绘画者所常常经验的实情。故画家作画的时候，最初对于一片白纸（或画布）要有"惨淡经营"的苦心。一片白纸犹之一片静止的水，第一点落笔，犹之在水面上投一粒小石子，全水面立刻以这小石子为中心而起了波动。

画家的惨淡经营的心在画面上活动时，一点落笔的时候，其心早已不绝地来往于从这点到其上下左右四边之间，同时这片白纸就被这一点分割为大小不同的各部，而这各部立刻像协和音地作成一个和弦，就显出画面的协调来。然而这是多数的人所不会注意到的微妙的境地。在一般人，以为一点只占据一点的地位，与这一点以外的"中地"无关系。这种人永远不会感到画面美，即永远不会梦见艺术美。看到绘画，立刻追求其所描写的为何物，或所表示的为何意义，便是为了不懂这个道理的缘故。

换言之，这就是"大处着眼"。看画能从大处着眼，其所见的一点自然不是单独的一点而为全体中的一点了，同时又自然不会发生"所描何物"与"所表何意"的追求了。故在构图尽美的画中，一点、一笔，均与全体的谐调上有关系，不能任意变更或增减。倘变更之或增减之，于全体画面就立刻发生影响。名作之所以不能增减一笔者，理由就在于此。谐调的画面，即"多样统一"的境地。"多样统一"者，就是各块、各线、各点，大小、形状、性质各异，而全体却又融合为一。这就是所谓"一有多种，二无两般"（《碧岩颂》）的妙理。所谓"一即二，二即一"，所谓"一多相"，似是佛经上的玄妙之谈，其实并无什么玄妙，并不荒唐，也并不难懂，在我们日常所接触的艺术的绘画中，处处可以证实这个道理。

我常常赞美中国所特有的两种小艺术，即书法与金石。吴昌硕的草体字，一个一个地拿出来看，并不秀美，甚且歪斜丑恶，然而看其一幅字的全体，就觉得非常团结，浑然一气，无可增减。前之歪斜丑恶者，今尽变为美的当然。这与绘画的构图完全吴昌硕的字,一个一个地拿出来看,并不秀美,甚且歪斜丑恶,然而看其一幅字的全体,就觉得非常团结,浑然一气,无可增减。

吴昌硕行书七言联

同一道理。又小形的篆刻，也在几公分里面建立一个完全无缺的小小的世界，有"毫厘千里"的美的布置，与绘画的构图也完全同一道理，故书画金石往往相联关，长于画者同时多长于书，又兼长于金石，恐怕就是为了有这一点完全相同的缘故吧。这构图的道理，非但为中西绘画所共通，即雕刻建筑，以至诗歌音乐，也逃不出这个美的法则。

以上是就画面最主要的形象美而论的。其次，关于画面的色彩美与调子美，也要略述一下。

如上所论，画面的形象有各部的对比，有全体的统调，色彩也是如此。就日常经验说，青草的陌上走来了一个红裳的村女，青草就愈加青起来，红裳就愈加红起来，而作成强烈的色的对比。庄严的寺院的红墙照在金黄色的夕阳中，愈增庄严的情调，而显出充分的调和。"万绿丛中一点红"，就是红绿的对比；"玉体金钗一样娇"，也就是嫩红的肉色与金黄的钗色的调和的效果。试看西洋画中，有的上方画青天，下方草地上常添描湖沼，以反映天的青色，以图全画面的天青色的统调。有的后方画橙黄的夕阳的西天，则前方的山、树、草、地，均带着一层橙黄，以图全画面的橙黄的统调。又像 Corot（柯罗）的风景画，在广大的风景中添描戴红帽的人物，用意即在色的对比。原来画面的色彩美，与前述的形象完全同样，一点色的效果不仅在于一点，而影响于全画面的诸色，有左右全画的美丑的伟力。据说从前英国画家Turner（透纳）与Constable（康斯太布尔）各出品于展览会，两人的作品相邻而悬挂。会场布置完毕后，Constable因事外出，回来一看，自己的画忽然减色了许多。探求其原因，原来是Turner于其外出的时间走来，在自己的画上加了一笔红色，这一笔红色立刻使全画的美显著，因而使相邻悬挂着的Constable的画忽然损色。于此可想见色彩对于画面美的效果的重大了。

调子，就是明暗。一幅画中的明暗的关系，也很重大，原来明暗是可以独立地状出一切自然的姿态的。试看照相及活动影戏，没有色彩，只有明暗的黑白两色，也能历历地状出世间一切物质的性状，便是西洋绘画上明暗对于画面的关系重大的明证。英国画家Turner的作品，往往于通明的海天间描一点的暗黑的船；法国画家Corot（柯罗）的大树风景画，往往于阴阴的大树的叶底留出一块块的光明的天空，便是应用明暗的对照美的。以构图美著名世界的美国的Whistler（惠司勒）的《母亲的肖像》，是明暗配合最巧妙的一例。

要之，看画须用纯洁的头脑与明慧的眼光，使画面的形、色、调直接传达感情于吾人的心目，吾人获得与这等形、色、调相对话的机会，于是真的绘画鉴赏就成立了。

次就西洋画中所特有的裸体美说述之，以告结束。

法国画家柯罗的大树风景画，往往于阴阴的大树的叶底留出一块块的光明的天空，便是应用明暗的对照美的。

（法）卡米耶·柯罗 《蒙特芳丹的回忆》

五、裸体美

如前所述,西洋画有"照相式"的特质的一事,容易惹起中国人的对于西洋画的非难与疑问,然上文的解释已可为之辩护了。西洋画还有更容易惹起中国人的疑问的,是裸体美的问题。

艺术学校的庶务先生招呼模特儿;会计先生付模特儿工资;校役为模特儿生火炉的时候,心中一定怀着疑虑:"为什么要画模特儿?"或者"这成什么样子!"然为职务的关系,倒不好意思出口。我同情于他们这难释的疑虑,特在此作这肤浅的解释。

从绘画的题材上看,自来西洋画(除了近世画派)是以人为中心的,中国画是以自然为中心的。试看文艺复兴期的大作,《最后的审判》《最后的晚餐》《死之胜利》《圣母子图》《磔刑图》等,差不多画面全是人物的打堆,偶然在空隙处添补一株树一间屋为背景而已。就是近世画派,虽已有纯粹的风景画,然一幅图中满满地装入人物的,尚到处皆是。回顾中国画,格式最正大的是山水,有时简直无人物,有时偶然在亭畔或桥上描一个曳杖的老人,作为点缀。而梅兰竹菊等花卉画,以及翎毛画,亦在中国画中占有不小的地位。虽有仕女画,然地位与势力均甚小。可见中国画是以自然为主体而人物为附从的,与西洋画的以人物为主体而自然为附从恰好正反对。模特儿的创行于西洋，这也是一个原因。

中世纪时，画家竞作宗教画，如前述的《最后的审判》《最后的晚餐》等大作，都描写宗教的故事或耶稣的事迹的。那时画家要描写耶稣，就选觅面貌端正像耶稣的人，令扮作耶稣，供画家作模特儿；要描写圣徒，就选觅老人等，亦使扮演，以资参考。然那时候大都是着衣的，并不裸体。所以描裸体者，则其源远出于希腊时代。希腊时代遗留许多裸体雕刻到今日，故谋古希腊的复活的文艺复兴时代，裸体研究自然随之而再兴了。

裸体的美何在呢？这非根本地考究不可。在礼仪三千的中国，女子裸体是耻辱的，是非常的，固无怪乎一般人的惊奇与非难。所以往年孙传芳禁止上海美术专门学校的模特儿，以为伤风败俗与春画一样。他们的理由是："花鸟都很美观，何必一定要画人？即使要画人，男人也可画，何必一定要画女人？即使要画女人，着衣也好画，何必一定要裸体？"这渐层的论调，在根本不了解裸体美的老百姓，自然非常中听。然倘说破了所以要画裸体美的根本的理由，其实是极当然而极平常的一回事，完全可以不必非难或惊奇的。

根本的理由如何？为方便计，可分两层解说：一，森罗万象中人体为最美，所以画家要描写人体；二，人体最美，同时描写亦最难，所以美术学校里的学生要以人体模特儿为基本练习。试略申述之。

我们的眼睛对于美的理解力，因了修养锻炼的功夫的深浅而有高下。故所谓"美"，不是像"多""大"的大家可以一望而知的。在没有修炼功夫的人想来，花何等美，孔雀何等美，蝴蝶何等美，远胜于单色的人体。其实那种是浅薄的美，不过五花八样地眩耀人目罢了。人的肉体，色虽似简单，然而变化无穷，深长耐味。讲到人体的线的美，更为万物所不及，这是为了 S curve(S 弧)的变化而丰富的缘故。所谓 S 弧，就是一头向右一头向左的曲线。曲线本来是优美的，加之两头异向，益增美丽。廿六字母的形状，以 S 为最优秀。然字母中的 S，是最规则最死板的 S 弧，即无变化的 S。倘把它变化起来，在两头的长短上、弯度上、比例上变化起来，可变出数千百万种形式——这数千百万种的美丽的曲线，便是人体所特有的。美丽的蝴蝶、白兔、山羊、春花、秋草、弱柳、长松、孤峰、秀岭，其线皆为人体所备有。优秀的工艺美术，例如杯、壶、桌、椅等，其线都是由图案家从人体上偷去的。

上面已经说明了人体最美的理由。最美何以最难描呢？这问题极容易解答了。如上所述，人体含有数千百万种 S 弧，可知这些 S 弧的弯度、形状相差极微，差异一点儿就发生悬殊的感觉。

（法）安格尔作品 《泉》

森罗万象中人体为最美,所以画家要描写人体。

诸君不信,但看颜面,即可明白。世间万万的人,有万万副相貌,决没有颜貌完全相同的二人。推考其所以差异者,只在眉目口鼻等线的肥瘦与位置上,可知辨别与描画,自然非常困难了。《韩非子》论画,有几句话:"狗马最难,鬼魅最易。狗马人所知也,旦暮于前,不可类之,故难。鬼魅无形,无形者不可睹,故易。"是说常见的狗马最为难描。人比起狗马来,当然更为"人所知",更为"旦暮于前",更为"不可类之",故应该为最难描了。

上海现在也有模特儿了。然而一般人对于模特儿或裸体画,总还有不可释的怀疑与误解,这原是中国数千年来的风俗习惯所以致之。其实倘根本断绝一切礼教习惯等因袭的思想而想一想,美的身体,岂非蒙神的宠赐而大可夸耀于世的么?美的身体比较起丰富的财产来,岂不更可贵么?美的身体与美的心(高贵的思想学问)不是一样可贵的么?

话虽如此说,其实男女裸体相见,原是有生以来互引为羞耻的事。读《创世纪》就可知道:上帝吩咐我们的祖先亚当、夏娃管乐园的智慧果树,不许采食。当时二人皆裸体,并不羞耻。后来蛇诱惑女人夏娃,叫她偷来吃。夏娃自己采食了,并给男子亚当吃,二人眼睛就明亮起来,才知道自己是赤身裸体的,便拿无花果叶子编作裙子,遮蔽下体。后来上帝得知了,就把二人逐出乐园,下降到世界上来做人,就是我们的第一代祖宗。这样看来,男女以裸体相见为羞的心理,原是数万年以来的万人共通的遗传性,但是只有创作艺术及鉴赏艺术的人属于例外。因为画家或鉴赏者在领略这人体美的时候,其自我因了"感情移入"的作用而没入在对象的美中,成"无我"的心状。既已无我,哪里还会想起一切世间的关系呢?这实在是最可宝贵的一种心状。在这时候,画家与鉴赏者仿佛呕出智慧果,蒙上帝遣回乐园去了。

丁卯年(一九二七)十一月十一日作毕

漫画艺术的欣赏[1]

"漫画"式样很多,定义不一。简单的,小形的,单色的,讽刺的,抒情的,描写的,滑稽的……都是漫画的属性。有一于此,即可称为漫画。有人说,现在漫画初兴,所以有此混乱现象;将来发达起来,一定要规定"漫画"的范围和定义,不致永远如此泛乱。但我以为不规定亦无不可,本来是"漫"的"画",规定了也许反不自然,只要不为无聊的笔墨游戏,而含有一点"人生"的意味,都有存在的价值,都可以称为"漫画"的。因此,要写一般的漫画欣赏的文章,必须有广大的收罗、普遍地举例,方能说得周到。这事很难,在我一时做不到。

但欣赏漫画与制作漫画,并不是判然的两件事。可以照自己的好恶而描画,当然也可以照自己的好恶而谈画,且让欢喜看我的画的人听我的谈画吧,于是我匆匆地写这篇文章来应《中学生》的征稿。

---

[1] 本文曾载于1935年6月版《中学生》第56号。

古人云："诗人言简而意繁。"我觉得这句话可以拿来准绳我所欢喜的漫画。我以为漫画好比文学中的绝句，字数少而精，含义深而长。举一例：

"寥落古行宫，宫花寂寞红。白头宫女在，闲坐说玄宗。"这二十个字，取得非常精彩。凡是读过历史的人，读了这二十个字都会感动。开元、天宝之盛，罗袜马嵬之变[1]，以及人世沧海桑田之慨，衰荣无定之悲，一时都涌起在读者的心头，使他尝到艺术的美味。昔人谓五绝"如四十个贤人，着一个屠沽儿不得"，这话说得有理。不过拿屠沽来对照贤人，不免冤枉。难道做屠沽的皆非贤人？所以现在不妨改他一下，说五绝"如二十个贤人，着一个愚人不得"。我们试来研究这首五绝中所取的材料有几样物事。只有四样："行宫""花""宫女"和"玄宗"。不过加上形容："寥落的""古的"行宫，"寂寞地红着的"宫花，"白头的"宫女，"宫女闲坐谈着的"玄宗。取材少而精，含义深而长，真可谓"言简意繁"的适例。

漫画的取材与含义，正要同这种诗一样才好。胡适之先生论诗材的精彩，说："譬如把大树的树身锯断，懂植物学的人看了树身的横断面，数了树的年轮，便可知道这树的年纪。一人的生

1　指唐朝安史之乱时，玄宗从长安西奔成都途中，杨贵妃在马嵬坡被缢死之事。罗袜为其被缢死后之遗物。

活,一国的历史,一个社会的变迁,都有一个纵剖面和无数横截面。纵面看去,须从头看到尾,才可看见全部。横面截开一段,若截在要紧的所在,便可把这个横截面代表这一人,或这一国,或这一个社会。这种可以代表全形的部分,便是我所谓最精彩的部分。"我觉得这譬喻也可以拿来准绳我所欢喜的漫画。漫画的表现,正要同树的横断面一样才好。

然而漫画的表现力究竟不及诗。它的造型的表现不够用时,常常要借用诗的助力,侵占文字的范围,如漫画的借重画题便是。照艺术的分类上讲,诗是言语的艺术,画是造型的艺术。严格地说,画应该只用形象来表现,不必用画题,同诗只用文字而不必用插画一样。诗可以只用文字而不需插画,但漫画却难于仅用形象而不用画题。多数的漫画,是靠着画题的说明的助力而发挥其漫画的效果的。然而这也不足为漫画病。言语是抽象的,其表现力广大而自由;形象是具象的,其表现力当然有限制。例如"白头宫女在,闲坐说玄宗",诗可以简括地用十个字告诉读者,使读者自己在头脑中画出这般情景来。画就没有这样容易,而在简笔的漫画更难。倘使你画一个白头老太婆坐着,怎样表出她是宫女呢?倘使你把她的嘴巴画成张开了说话的样子,画得不好,看者会错认她在打呵欠。况且怎样表明她在说玄宗的旧事呢?若用漫画中习用的手法,从人物的口中发出一个气泡来,在气泡里写字,表明她的说话,那便是借用了文学的工具。况且写的字有限,固定了某一二句话,反而不好,万不及"说玄宗"三个字的广大。就是上面两句"寥落古行宫，宫花寂寞红"，用漫画也很难画出。你画行宫，看者或将误认为邸宅。你少画几朵花，怎能表出它们是"宫花"，而在那里"寂寞红"呢？

所以画不及诗的自由。然而也何必严禁漫画的借用文字为画题呢？就当它是一种绘画与文学的综合艺术，亦无不可。不过，能够取材精当，竭力谢绝文字的帮忙，或竟不借重画题，当然是正统的绘画艺术，也是最难得的漫画佳作。

借日本老画家竹久梦二先生的几幅画来作为说例吧。

有一幅画，描着青年男女二人，男的穿洋装、拿手杖，女的穿当时的摩登服装，拉着手在路上一边走，一边仰起头来看一间房子门边贴着的招租。除了招租的小纸札上"Kashima Ari（内有贷间）"五字（日文有五个字）而外，没有别的文字。这幅画的取材我认为是很精彩的。时在日本明治末年，自由恋爱之风盛行，"Love is best（爱情至上）"的格言深印在摩登青年的脑中。画中的男女，看来将由（或已由）love更进一步，正在那里忙着寻觅他们的香巢了。"贷间"就是把房间分租，犹如上海的"借亭子间"之类。这招租虽然也是文字，但原是墙上贴着的，仍不出造型的范围，却兼有了画题的妙用。

去年夏天我也曾写过一幅同类的画：画一条马路，路旁有一

竹久梦二作品《港屋绘草纸店》

暂未找到文中所述梦二作品,谨选其其他作品以作展示。(编者注)

竹久梦二作品
《恋爱的结论》

没有画题，造型美的明快可喜，但画题用得巧妙，看了也胜如读一篇小品文。梦二先生正是题画的圣手。

个施茶亭，亭的对面有一所冰淇淋店。这边一个劳动者正在施茶亭畔仰起了头饮茶，那边青年男女二人挽着手正在走进冰淇淋店去。画中只有三个文字，冰淇淋店门口的大旗上写着一个"冰"字，施茶亭的边上写着"施茶"二字，都是造型范围内的文字，此外不用画题。这画的取题可说是精彩的。但这不是我自己所取，是我的一个绘画同好者取来借给我的。去年夏天他从上海到我家，把所见的这状态告诉我，劝我描一幅画，我就这样写了一幅。

梦二先生的画有许多不用画题，但把人间"可观"的现象画出，隐隐地暗示读者一种意味。"可观"二字太笼统，但也无法说得固定，固定了范围便狭，隐隐的暗示，可有容人想象的余地。例如有一幅描着一个女子独坐在电灯底下的火钵旁边，正在灯光下细看自己左手的无名指上的指环，没有画题，但这现象多么"可观"！手上戴着盟约的指环的人看了会兴起切身的感动。没有这种盟约指环的人，会用更广泛自由的想象去窥测这女子的心事——这么说穿了也乏味。总之，这是世间万象中引人注目的一种状态。作者把它从万象中提出来，使它孤立了，成为一幅漫画，就更强烈地引人注目了。日常生活中常有引人注目的现象，可以不须画题，现成地当作漫画的材料，只要画的人善于选取。

梦二作品中还有许多可爱的例。有一幅描着一株大树，青年男女二人背向地坐在大树左右两侧的根上，大家把脸孔埋在两手

丰子恺作品
《渴者》

画中只有三个文字，冰淇淋店门口的大旗上写着一个『冰』字，施茶亭的边上写着『施茶』二字，都是造型范围内的文字，此外不用画题。

中,周围是野草闲花。这般情状也很牵惹人目。有一幅描着一个军装的青年武夫,手里拿一册书,正在阅读,书的封面向着观者,但见题着"不如归"三字。取材也很巧妙(《不如归》是当时大流行的一册小说,描写军阀家庭中恋爱悲剧的。这小说在当时的日本,正好像《阿Q正传》在中国)。又有一幅描着一个身穿厨房用的围裙的女子,手持铲刀,仓皇地在那里追一只猫。猫的大半身已逃出画幅的周围线之外,口中衔着一个大鱼。这是寻常不过的题材,但是一种不言而喻的紧张的情景,会强力挽留观者的眼睛,请他鉴赏一下,或者代画中人叫一声"啊哟!"

又有一幅描着乡村的茅屋和大树,屋前一个村气十足的女孩,背上负着一个小弟弟,在那里张头张脑地呆看,她的视线所及的小路上,十足摩登的青年男女二人正在走路。这对比很强烈,题曰"东京之客"。其实不题也已够了。

没有画题,造型美的明快可喜,但画题用得巧妙,看了也胜如读一篇小品文。梦二先生正是题画的圣手,这里仍旧举他的作例来谈吧。他的画善用对比的题材,使之互相衬托。加上一个巧妙的题目,犹如画龙点睛,全体生动起来。

有一幅描着车站的一角,待车的长椅上坐着洋装的青年男女二人,交头接耳地在那里谈话,脸上都显出忧愁之色,题曰《不安的欢乐》;有一幅描着一个天真烂漫的少女,坐在椅子上,她的手搁在椅子靠背上,她的头倾侧着,题曰《美丽的疲倦》;有一幅描着一个少妇,手中拿着一厚叠的信笺,脸上表出笑容,正在热衷地看信,桌上放着一张粘了许多邮票的信壳,题曰《欢喜的欠资》。有一幅描着一个顽固相十足的老头儿,正在看一封长信。他身旁的地上(日本人是席地而坐的,故这地上犹如我们的桌上)一张信壳,信壳的封处画着两个连环的心形(这是日本流行的一种装饰的印花,情书上大都被贴上一张)。他的背后的屏风旁边,露出一个少女的颜貌来,她颦蹙着,正在偷窥这老头儿看信,题曰《冷酷的第三者》。

以上诸画题是以对比胜的。还有两幅以双关胜的:一幅描着一个青年男子正在弹六弦琴,一个年轻女子傍在他身旁闭目静听,题曰《高潮》;一幅描着伛偻的老年夫妇二人,并着肩在园中傍花随柳地缓步,题曰《小春》。

还有些画题,以心理描写胜。例如有一幅描着夏日门外,一个老太婆拿着一把小尖刀,正在一个少年的背上挑痧。少年缩着颈,痉着手足,表示很痛的样子,他的前方画着一个夕阳,题曰《可诅咒的落日》。要设身处地地做了那个少年,方才写得出这个画题。有一幅,描着一个病院的售药处的内面,窗洞里的桌上放着许多药瓶,一个穿白衣的青年的配药女子坐在窗洞口,正在接受窗洞板上的银洋,题曰《药瓶之色与银洋之声》。作者似在怜惜这淡装少女的生活的枯寂，体贴入微地在这里代她诉述。有一幅描着高楼的窗的内部，倚在窗上凝望的一个少女的背影，题曰《再会》。有一幅描着一个女子正在看照片，题曰《Kiss前的照片》。还有一幅描着一个幼女正在看照片，题曰《亡母》。这等画倘没有了画题，平淡无奇。但加上了这种巧妙的题字，就会力强地挑拨看者的想象与感慨。

他有时喜用英语作题目。描旷野中一株大树根上站着一个青年学生，题曰 Alone，描两个青年恋人在那里私语，题曰 Ever, Never，描两个天真烂漫的小学生背着书包在路上走，挽着臂的一对青年爱侣同他们交手过，小学生不睬他们，管自仰着头走路，题曰 We Are Still Young。用英文作题，不是无谓的好奇。有的取其简洁，翻译了要减少趣味，例如前两幅；有的取其隐晦，翻译了嫌其唐突，例如后一幅。

"言简而意繁"这句话，对于梦二一派的漫画最为适用。自己欢喜这一派，上面就举了许多梦二的例。对于别种的漫画，我也并非全无趣味。例如武器似的讽刺漫画，描得好的着实有力！给人的感动比文字强大得多呢！可惜我见闻狭小，看了不忘的画没有几幅。为调节上述诸例的偏静，也就记忆所及举几幅讽刺画在这里谈谈。

某西洋人描的一幅，描一个大轮子正在旋转。许多穿燕尾服的人争先恐后地爬到这轮子上去。初爬的用尽气力在那里攀附，已爬上的得意扬扬，爬在顶高地方的人威风十足，从顶高处转下去的人搔着头皮，将被转到地上的人仓皇失措，跌落在地上的人好像死了。爬上来的地方，地上写着"Today"，跌下去的地方，地上写着"Tomorrow"，形容政治舞台可谓尽致。某日本人描的一幅，描着一个地球，地球上站着一个人，一手捏住鼻头，一手拿一把火钳，把些小人从地球上夹起来，丢到地球外面去。小人有的洋装而大肚皮，有的军装而带手枪。还有一幅，描着一个舞台，许多衣上写着姓名的政客在那里做戏。他们的手足上都缚着线，线的一端吊在舞台上面，一个衔着雪茄烟的大肚皮洋装客正在拉线。这种画，都能短刀直入地揭破世间的大黑幕。在中国现在的杂志上，也常看到讽刺漫画的佳作，可惜我的记忆不好，一时想不起来，举了这几个例就算了。

常有人写信来，问我漫画学习如何入手。没有一一详复的时与力，抱歉得很！现在借这里带便作一总复：漫画是思想美与造型美的综合艺术，故学习时不能像普通学画地单从写生基本练习入手。它的基本练习有两方面：一方面是技术的修炼，与普通学画同，练习铅笔静物写生、木炭石膏模型写生，或人体写生。另一方面是思想的修炼，如何修炼，却很难说。因为这里包括见闻、经验、眼光、悟性等人生全体的修养，不是一朝一夕的能事，勉强要说，只得借董其昌的话："读万卷书，行万里路。"总之,多读读书,多看看世间,都是漫画的基本练习。这又同诗一样:例如开头所举的一首绝句,倘不曾读过历史,不知道唐玄宗的故事,读了这二十个字莫名其妙。听说外国人翻译这首诗,曾把玄宗两字误译为"玄妙的宗教"。亏他们欣赏的!欣赏非有各方面的修养不可,则创作的需要广泛的修养,不待言了。

照相与绘画[1]

一位朋友毅然地斥百金买一架照相机,热心地从事摄影。弄了一会儿,大失所望,把照相机弃捐笥箧中,废然地走来向我诉说他的失败经过。其言如下:

"我为一种梦想所驱而买这架照相机。我的梦想是这样:我很热心于写生画,速写簿时时带在身上。无论在家里、在校里、在路上、在舟车中,看见了画材,倘有写生的机会,一定把它们记录在速写簿上。然而写生的机会不能常得。因为虽曰'速写',毕竟也费几分时光。而我眼前的现象,往往变动无定,不能给我当几分钟的模特儿。所以常常因为来不及速写,把很好的画材放走,甚觉可惜。这时候我没有学过摄影,凭肤浅的想象,以为照相机的摄影只消数秒钟,甚至半秒钟,比绘画的'速写'速得多。有了这件机器,一定可以多收几种画材。况且有许多活动状态,像运动选手赛技的姿势、走狗的脚的动向、蝴蝶飞舞的光景

---

1 本文曾载于1936年2月13日版《申报》。

等,大都难于速写,又不易记忆,是画材收集上一件难事,我想有了照相机,一瞬间的现象也可自由捉住,正可获得许多珍贵的画材呢。

"为这种美满的梦想所驱,我毅然地买了一架照相机,并请人实地指导用法。花费了好几星期的时光,和好几打底片,总算会照了,同时那美满的梦想也就失败了。为的是'事非经过不知难',我以前以为照相机能在随时随地自由捉住现象,实际绝没有这么便当。

"第一,要讲光线。光线弱的地方,开半秒钟不够,动的现象就不能照;灯下、月下,开数秒钟也不够,人物也不能照,只能照静物或风景,而且风吹草动的风景也不能照。第二,要讲距离。十二步以内的现象,要先用眼睛测量现象与物之间的步数,把镜头伸缩到该步数上,然后可照,不然,现象就糊涂。第三,还要讲光圈……还有我所没有学完全的种种手法和技术。故我所发现的画材,即使光线的条件满足,也要打开镜头,准备开关,校正距离,酌量光圈,然后摄影。所费的时间与速写相差有限,所费的手续实比速写浩繁。摄过后又不像速写可以立刻给人鉴赏,还要拿了底片到特备暗室中去洗。显像、定影、清水漂洗,在幽暗的红灯底下摸索了好久,才得一张黑白相反的底片。等候底片干了,再到暗室中去拿出晒像纸来,晒像、显影、定影,到这时候,才能在清水盆里看见一张像画的东西。然而十张里头,总有八九张不像画；其像画的一两张，也只有一两分像画。因此我大失所望，把照相机捐弃在笥箧中，当它一种贵重而精巧的玩具。有兴时偶然拿出来玩玩，但与我的绘画生活毫无关系。我的梦想完全失败了。"

他向我诉述，是要求给他说明与慰安。于是我把照相与绘画的区别，二者的不能互相模仿，以及二者在美术上的各自的使命，一一告诉他。使他知道怎样修正他的梦想，怎样处置他的照相机。其言如下：

绘画与照相，是判然不同的两种东西。二者的区别，可说绘画是眼与手的艺术，照相是镜头与底片的艺术。眼与手的艺术的美，是人工的；镜头与底片艺术的美，是机械的。在前者中，主观性胜于客观性；在后者中则反之，客观性胜于主观性。盖绘画虽然也照客观物体的形象而描写，但其中盛用心的经营和腕的活动，好像写字一般，各人有各人的笔致，明显地表出着各人的性格。故数人对同一模特儿写生，写出来的作品，趣味很不相同。照相虽然各人技术不同，但技术的差异只在取景、采光、晒像等上，客观物体的形象始终是客观的。故多人共对一物摄影，其结果大同小异，相差决不会像绘画之分歧。

洋画初入中国时，一般浅薄的洋画信徒拘泥于写实，几乎要把自己的眼睛代替了镜头而作人工的照相（就是在现今，一般低级的洋画学习者还在做这样的死工作）。美术照相初兴时，一般未练的照相家竟取模糊的景色、柔美的调子，以冒充印象派绘画。这两者，都没有理解绘画与照相独得的特色，而欲以绘画模仿照相，或以照相模仿绘画。近来美术照相日渐进步，不复如前之冒充印象派绘画。在杂志上，在展览会中，常见有许多名手的照相颇能充分发挥镜头的技巧。这些作品与绘画异趣，而独具一种美的价值。反之，在画界中，似乎倒不及照相的进步。以模仿照相为能事的绘画，现今还是到处被欢迎着，像月份牌、擦笔[1]肖像画、香烟画片，都是其例。

天地间美的现象，可分两种：一种是天生成就美观的，不须人工代为布置，只消设法照样保留，便有美术的价值；另一种具有美化的可能性，但须经过人工的经营，方能成为美术品。前者宜用照相表现，后者宜用绘画表现。例如：日光下的美丽的影，天空中的云的纹样，海边的水的纹样，以及自然界一切天生成美观的现象，都是照相的好题材。至如传达春讯的梅蕊、解语似的花、通人情似的鸟、天造地设的胜景，以及一切理想的境界，需要人工加以选择、增删、变形及配置，方能给人美感者，都是绘画的好题材。用绘画去表现照相的题材，吃力不讨好。用照相去表现绘画的题材，势有所不能，故二者不能互相代谋。

---

[1] 擦笔是用纸卷成的笔，一般在素描画中用于拖出衣服的纹理及花纹，也可以在画面中作出朦胧、柔润的效果。

总而言之：对自然惟妙惟肖，是照相的能事；依人意变化改造，是绘画的能事。即前者是美的"再现"，后者是美的"表现"。自来论艺术的人，往往轻再现而重表现，以为前者是画葫芦的工作，没有艺术的价值；后者本乎气韵生动与感情移入，才是有生命的艺术。我以为这话在现代未可概论。讲到艺术的价值，照相自然逊于绘画，但照相亦具有美术品的资格。因为一者，如前所述，天地间实际有着宜于用照相表现的美景。在现今机械发达的时代，艺术上亦何乐而不利用机械？二者，惟妙惟肖，再现艺术，最合于一般通俗人的美术鉴赏眼，以此作为引渡一般人进入美的世界的宝筏，也是文化艺术进步的一种助力。

所以我劝我的朋友不要希望以照相模仿绘画，也不要把照相机当作玩具，要明白照相与绘画的区别，而以机械时代的一种新美术看待照相。

建筑的艺术

— 贰

从艺术上看，十九世纪是绘画与音乐的时代，二十世纪已渐渐变成电影与建筑的时代。立体派的名画家中，有许多人已弃画笔而改业电影。昔日的评家曾称音乐为"流动的建筑"，今日的评家正在赞美建筑为"凝固的音乐"了。

　　一切艺术之中，客观性最丰富，鉴赏范围最广大，而对于人生关系最切者，实无过于建筑。故自古以来，建筑美术的样式对于人心有莫大的影响。近世艺术由艺术趋向人生，"实用艺术"的建筑忽然勃兴。今日的都市中，新奇的建物琳琅满目，好像开着建筑美术的长期展览会。辨别这种建筑的美恶，探究这种美术的表现与背景，是二十世纪的人人应有的要求。

（选自《建筑美术六讲》序言，有删节）

从坟到店

资本主义利用艺术为宣传手段,产生商业艺术;社会主义也利用艺术为宣传手段,产生普罗[1]艺术。现代艺坛就成了这两种宣传艺术的对峙的状态。美国的辛克莱[2]为艺术下新的定义,说"一切艺术都是宣传"。这话看来好像是专为现代而说的,其实不但现代艺术如此,自古以来的一切艺术都是宣传。读过我的《西洋名画巡礼》及《西洋音乐楔子》[3]的青年大概总记得:西洋的绘画和音乐,都是在中世纪的宗教时代发达起来的。详细地说,西洋的绘画和音乐都是被基督教利用为宣传手段,成了宗教艺术——宗教画、宗教乐——因而发达起来的。我们只要看:圣书的故事画,到现今还有许多流传世间;祈祷歌和赞美歌,到现今还有许多人唱着,即可想见这两种艺术曾为宗教宣传的厉害。

---

1 普罗即pro1etarian(无产阶级的)音译的略称。
2 辛克莱(Upton Sinclair,1878—1968),美国小说家,"社会丑事揭发派"作家。
3 1949年重版时改名为《西洋音乐知识》。

艺术之中，为社会政策宣传最有力的，要算建筑。因为建筑具有三种利于宣传的特性，为别的艺术所没有的。

第一，建筑这种美术品，形状最庞大。别的美术品，如雕刻、绘画等，无论如何比不得它。因为庞大，故最易触目。绘画、雕刻等不是一般人常见的东西，建筑则公开地摆在地上，人人日日可以看见，因此建筑所给人的印象极深。利用这种庞大的形式来作为某种策略的宣传时，最易收揽大众的心。从前的皇帝住的地方必用极高大的建筑，即所谓"九重城阙"，使人民望见这种建筑物时，感情上先受压迫，大家畏缩、震慑，不敢反抗他的专制。

第二，建筑这种美术品，对人类社会的关系最为密切。凡有建筑，总是为某种社会事业的实用而造的，故建筑与事业有表里的关系，不可分离。一切艺术之中，唯工艺美术与建筑二者对人生有直接的用处，工艺品可供日常使用，建筑可供居住。其余的艺术，如绘画、雕刻、音乐、文学、舞蹈、演剧等，都只供观赏或听赏，间接发生效用于人的生活，但不能直接供人应用（绘画虽可作亡人灵前的遗容，雕刻虽可作烈士的铜像，但也只供瞻观而已），故这些统称为纯正艺术，而工艺美术与建筑则特称为实用艺术。实用艺术的形式与内容关联最切，公共机关、工厂、车站、邮局等，各有其特殊的形式。因了习惯及其形式的暗示，我们望见一种建筑时会立刻想到或感到这建筑所关联的社会事业，心情在无形之中受它的支配。庙貌巍峨，便是宗教要利用建筑来引人信仰而做出来的特殊形式。中国古代佛教的隆盛，"南朝四百八十寺"等宗教建筑的宣传力有以致之。

第三，建筑最富有一种亲和力，能统一众人的感情。故望见九重城阙的百姓会同样的震慑，望见巍峨庙宇的信徒会同样的肃然。跳舞场、咖啡店、旅馆，也会利用建筑的亲和力，作出种种的布置和装饰来克服主顾的感情，借以推广他们的营业。建筑的富有统一大众的感情的亲和力，是为了建筑由纯粹的（无意义的）形状和色彩构成，不诉于人的理智而诉于人的感情的缘故。造型美术之中，绘画和雕刻所表现的形状色彩都有意义，只有建筑所表现的形状色彩没有意义。绘画可以描一个人，雕刻可以雕一条狗，但建筑却不能把房子造成一个人的形状或一条狗的形状，在人的胯下开一扇门或在狗的眼睛里开一扇窗，而叫人走进去住。故绘画、雕刻是借用物象的形状色彩来构成造型美的，建筑则不借他物，就用纯粹的形状色彩来构成造型美。借用物象的艺术所及于人心的作用，一半是理智的，一半是感情的。不借用物象而用纯粹形色的艺术所及于人心的作用，全部是感情的。换言之，绘画和雕刻的表现一部分是说明的，建筑的表现则完全是象征的（暗示的，例如用高暗示皇帝的权威，用黄色暗示宗教的庄严等）。感化人心，由理智不及由感情的容易，用说明不及用象征的深刻，所以建筑的亲和力比其他艺术的特别强，最能统一大众的心。上述三种利于宣传的特性中,最后这一点"象征力"为最主要。

建筑因有上述三种利于宣传的特性,故自古以来,常被社会政策、政治企图所利用,为它们做有力的宣传。我们看了各时代或各地方的建筑,可以从它们的样式上窥知当时当地的人的思想与生活,故建筑可说是具体化的时代相。

从埃及时代到现代,世间最伟大的建筑的主题,经过五次的变更:在埃及时代,最伟大的建筑是坟墓,在希腊时代是神庙(原文为神殿),在中世时代是教堂(原文译为寺院),在近代是宫室,到了现代是商店。人类最初热心地造坟墓,后来变成热心地造店屋。窥察其间人心的变化,很有兴味。而且这种建筑物现今统统存在,坟、神庙、教堂、宫、店,好像五个"时代"的墓碑,记载着各"时代"生前的情状而矗立在我们的眼前,令人看了感慨系之。现代的商业建筑,像摩天大楼(原文为摩天阁)、百货公司等,也可说是墓碑,是现代"资本主义"的"喜葬"的墓碑。

我是预备把上面所说的五种大建筑的情状在以下的数讲中一一地详说的,但现在先在这里概括地说一说,当作绪论。

出十几个铜板买一包金字塔牌香烟,就可在香烟壳子上看到四千年前埃及人所造的坟墓大建筑——金字塔的样子。这种金字

我们看了各时代或各地方的建筑,可以从它们的样式上窥知当时当地的人的思想与生活,故建筑可说是具体化的时代相。

埃及金字塔

塔建在埃及尼罗河畔的沙漠中，是埃及隆盛期诸帝王生前自己建造的"喜葬"。这种建筑物的伟大，令人惊叹：其最大者，那三角形的顶点高约五百英尺[1]，一边之长约八百英尺。用重二吨半的石头二百三十万条，由十万人在二十年中造成。这种大坟墓，当作建筑艺术观赏其形式时，只见极大、极高、极厚，除了一个"笨"字以外想不出别的字来形容。埃及隆盛期的帝王和人民，为什么肯把心力浪费在这样笨的建筑上呢？这是因为虽然号称隆盛期，人智究竟未曾进步，帝王笨、百姓也笨的缘故。帝王握得了绝对威权，高踞在宝座上受万民参拜之后，心中想道："我贵为天子，富有天下，难道也同虫豸般的百姓一样地要死？我死后一定会活转来。赶快派十万百姓给我造坟！要造得极高、极大！万一我活转不来时，也好教百姓看了我的坟战栗，不敢造反。"古来的帝王贪恋威福，大都作这样的感想。秦始皇、汉武帝等都访求不死之药；齐景公游牛山，北临其国而流涕，希望自古无死，使他可以久坐江山。这都是同样的笨。然而埃及的帝王笨得聪明而且凶：他能利用那庞大的实用艺术的亲和力来镇伏万民的心，使他们在这个君主绝对威权的象征物之下，永远瑟缩地臣服，不敢抬头。不要说当时的埃及人民，就是现在的我们，一旦到了尼罗河畔的大沙漠上，仰望这个"君主绝对

---

[1] 1英尺=30.48厘米，原文使用已废除的旧计量单位"呎"，本书统一替换为"英尺"，以下不再注明。

贰｜建筑的艺术

威权"的大墓碑时，恐怕也要吐出舌头半响缩不进去呢！这是上古政教一致，君主专权时代的"大"建筑。现代商业都市的"大"建筑，显然是模仿这种坟墓建筑的办法，以夸示金融资本的威权的。

希腊时代的建筑，则用"美"来代替了埃及的"高、大、厚"而收揽民心。这也和希腊的风土人情相关联：四千年前，埃及和爱琴海文化已经炽盛，然欧洲尚在长夜的黑暗中，仅为新石器时代的民族的居屯地。其时中央亚细亚的原始民族逐羊群而西南行，流入这天然形胜的希腊半岛，他们受了高丘上的橄榄的香气的熏陶，为苍茫的地中海和缥缈的爱琴海的灵气所钟，养成了一种美的民族性，就首先为欧洲创造光明灿烂的文化艺术。起初，希腊久受波斯的侵犯，到了大政治家伯里克斯（Perikles，公元前495—前429，原文译为彼理克来史）的时代，希腊联盟国制胜波斯，就趁势发扬国内的文化。伯里克斯是主张民主主义的人，就训练雅典的自由市民，教他们建设起空前的文化来。其首先经营的，是修理先年被波斯军毁坏的卫城。在这卫城里建造大理石的神庙，以供养雅典市的守护神。当时雅典借战胜的余光，掌握全希腊的经济权，又集中全国一致的民主的共产精神，复兴的气象充满了全都市。伯里克斯引导民众，把全副心力集中于这神庙的营造上。那守护神女的雕塑，由当时大雕刻家菲狄亚斯（Phidias，原文译为斐提阿史）担任；神庙的建筑，由当时大建筑家伊克蒂诺（Ictinus，原文译为伊克底诺史）指挥。造型的优美，诚可称为空前绝后。那神像用黄金和象牙造成，姿态优美，庄严无比。那神庙全用世界最良的大理石构成，各部力学的均整与视觉的谐调两方并顾，作有机的结合。全部没有一根死板板的几何的线，那檐、柱、阶，看来好像是直线，其实都是曲线。因为希腊人民的审美的眼力非常锐利，几何的直线，当因错觉的作用而望去似觉不平或不直，故必须用相当的弯度补足错觉，望去方才完全平直，所以那种神庙建筑粗看好像率直，不过是石基上立着一排石柱，盖着石檐，其实优美绝伦，为千古造型美术的模范。关于这事，以后分讲中当再详说。总之，伯里克斯适应了希腊人的明慧的审美眼的要求，建造这精美的神庙来集中人民的瞻观，统一人民的精神。所谓守护神之殿，在意义上想来是迷信，但在形式上看来的确大有守护之功：黄金时代的希腊共和国的自由市民的心，是全靠这建筑的美的暗示力所统御着的。可惜这种神庙建筑，一部分被历次的战争所毁坏，一部分的雕刻被英国人偷去供在大英博物馆（不列颠博物馆）的爱琴室中，现今雅典本土所存在的只有破损了的一部分。虽然破损不全，仍可个中见全，由此想见黄金时代的盛况。所以诗人拜伦凭吊希腊，慷慨悲歌，写成有名的《哀希腊》的诗篇。

希腊之后，罗马隆盛，但罗马人注重物欲，不甚讲究艺术，故虽有剧场浴场等大建筑，少可称道。罗马帝政衰而基督教兴。首先提倡基督教者是有名的君士坦丁大帝。他把基督教定为国

帕特农神庙

这种神庙建筑,一部分被历次的战争所毁坏,一部分的雕刻被英国人偷去供在大英博物馆(不列颠博物馆)的爱琴室中,现今雅典本土所存在的只有破损了的一部分。虽然破损不全,仍可个中见全,由此想见黄金时代的盛况。

教，国王就是教王，国民都是教徒。这是利用宗教来维持帝业，为欲永固帝业，非弘扬教法不可。于是欧洲一切文化艺术，都受了宗教化。自十二世纪至十六世纪之间的建筑，差不多全部是教堂建筑。教堂与神庙有分别：希腊的神庙，里面只供神像，参拜者都在殿外。所以神庙不必大，但求眺望的美观；中世的教堂，则供养圣像之外，兼作教徒祈祷礼拜之所，故地方必须较大，且兼求内外形式的美观。基督是升天的，教徒的灵魂的归宿处是天上，故教堂建筑的形式便以"高"和"尖"为特色。屋顶塔尖高出云表，好像会引导人的灵魂上天似的。远近的人民眺望这等教堂，不知不觉之间其心受了建筑形式的暗示力的感化，对于基督教的信仰便一致地强固起来。这种教堂建筑有种种派别，但其中最能尽量发挥"高"和"尖"的特色的，要算哥特式（Gothic）。那种教堂现今留存在法兰西、意大利等处的，很多很多。其形式，为了极度地要求垂直的效果，不用粗的柱子而用许多细柱合成的柱束；又不用壁，柱束之间统用尖头的窗，因为尖头可以引导人心向上；室内用许多尖头的拱门（arch，原文译为环门），屋顶上用许多很尖的塔。故遥望哥特式的教堂，好像一丛雨后春笋，又好像一把火焰。当时这种建筑样式不限于教堂，凡城郭、学校、公所、邸宅，都受它的影响。而在意大利地方，这种"尖、高"的建筑术尤为发达。他们一味求高，不顾力学的限制而冒险地试建，有几处教堂竟是中途停工。违背建筑的构成的约束而浪漫地偏重形式，其结果必然失败。故哥特式建筑

巴黎圣母院

教堂建筑的形式便以『高』和『尖』为特色。屋顶塔尖高出云表，好像会引导人的灵魂上天似的。

样式，不久跟了教会权与封建制的衰落而被废弃，后来同归于尽。现在我们游观巴黎、科隆（Köln，原文译为侃伦），但见巴黎圣母院（Notre Dame de Paris，原文未译）、科隆大教堂（Cologne Cathedral，原文译为科隆本寺）矗立在广场的残阳中，告示着过去的光荣。

以上三时代的建筑，都是宗教建筑。但因了时代精神的不同，建筑形式亦大异：埃及的坟无理地要求"大"，为建筑艺术的摇篮时代的作品，其实不能算是完全独立的美术。希腊的神殿方为建筑艺术独立的开始，在形式美的一点上，可谓登峰造极！哥特式的教堂建筑把精神翻译为视觉形态，一味探求高的神秘，可说是浪漫风的宗教建筑。

文艺复兴时代的建筑，主题仍以教堂为主，但样式变更，废弃哥特式的浪漫，而取古典式的安定。不复千篇一律地崇尚一种样式，依作家的个性而自由创造各种作风，总称之为"复兴式"。但文艺复兴时代，欧洲艺术以绘画雕刻为主流，故建筑不甚有名。

文艺复兴以后，建筑的主题忽由宗教改向人生。但这人生不是民众的人生，是少数统治者们的人生，即建筑的主题便由教堂而变为宫室。

宫室建筑于十七世纪中，兴于法兰西。十七世纪是"王权中心时代"，当时法兰西王路易十四世，是近代专制君王的好模范！他即位后的宣言，是"王者有统治的天权，人民不得参政"，是大兴宫廷建筑，意欲把世界中心移到法国。其建筑样式即称为"路易十四世式"。这种建筑样式，华丽繁琐、多曲线、多装饰，建筑的构成部都用装饰遮隐，外观注重绘画的效果，内部装饰非常纤巧奢华，实为近世巴黎的浮夸风俗的起源。当时路易十四世曾设立一个美术学院，专门养成"路易十四世式"的美术人才。巴黎有三大建筑，除前述的巴黎圣母院外，还有卢浮宫及凡尔赛宫两座宫室建筑。这两宫都是路易十四世所完成的。凡尔赛宫，集合许多建筑家、雕刻家和画家，共同完成，尤为十七世纪宫廷建筑的模范。其形式秾丽纤巧，琳琅满目。从前寺院建筑时代的神秘高尚的气象，到这时代一扫无余。这时代的建筑，只有浓重的现世幸福的气象。路易十四世死后，次代的路易十五世变本加厉地扩张这种建筑式样，宫室的装饰愈加浓艳，其样式特称为"摄政式"。奢侈之风流入民间，上好下效，国风日趋淫靡。其次的路易十六世，赶紧收回以前的浮靡的样式，而归复于古典的安定。这是法兰西大革命后的近代古典派的先驱，不可谓非路易十六世的功绩。但三代的骄奢之报，集中在他一人身上，终于使他失却了民心，犯了死罪。"宫廷建筑"跟了他一同上断头台。

卢浮宫

卢浮宫与凡尔赛宫、巴黎圣母院,是巴黎的三大建筑。

路易十六世上了断头台之后,十九世纪初,拿破仑就出来为法国主政。政权上了这位古代英雄之手,枪花[1]百出,欧洲被他打得体无完肤,赶快把他幽禁在孤岛中,但是各国元气斫丧,民生凋敝,从此人心不安。同时十九世纪科学开始昌明,工业因之而发达,交通因之而便利,生存竞争的幕就在这时候慢慢地展开。生存所竞争的是金钱。要金钱多,最好是经商。现代资本主义商业社会的基础,就在这时候奠定。与人事社会关系密切的建筑艺术,也在这时候开始商业化。建筑在前代曾为贵族的装饰,到现在变成了商人的广告。百层的摩天大楼、光怪陆离的玻璃建筑、合抱不交的大柱的行列,统是写字间、办公所、旅馆、酒楼、百货公司、银行的造型的姿态,统是商业的广告艺术。北美财力雄富,世界第二大都市的纽约,尤为商业建筑森林。远望那些高层建筑,高大的墓碑,其无数的窗洞就像刻在墓碑上的一大篇墓志铭。最近《金刚》的影戏片子在上海开映(为未曾看过这影片的读者附注:这影片描写一只大猩猩扰乱纽约,毁屋,伤人,爬到最高层建筑的顶上捉飞机等情状)。坐在银幕面前而把高层建筑看作墓碑时,便见纽约全市墓碑林立,好像一个公墓。这种高层建筑的形式,兼有了埃及坟墓的"大"和中世教堂的"高",外加了现代的"新"和"奇",所以形式的效果非常伟大:其新奇能挑拨人的注意,其高大能压迫人的感情;作为商业的广告,最

---

[1] 枪花,江南一带方言,此处意为欺人之计。

纽约帝国大厦

北美财力雄富,世界第二大都市的纽约,尤为商业建筑森林。

为有效,可以夸示资本的势力,广受世人的信用。某建筑家称其所筑的五十层的洋楼为"商业的教堂(Business Cathedral,原文译为商业的伽蓝)",这不但是形式上的比拟,在作用上,现代的商业建筑利用形式的象征力来扩张营业,也与中世教堂的利用形式的象征力的引入信仰完全相同。而在建筑材料的驱使上,在物质文明、机械文明的今日,比一切古代自由得多。十万人扛抬二百三十万条两吨半重的石头而在二十年中做成的事业,在现代决不需要如许人力和时间,况且现代有混凝土、玻璃、铁等更便利的建筑材料,比较起古代事业来真是事半功倍了,所以古来建筑术的进步,无过于今日。十九世纪的世界艺坛以绘画、音乐为中心,二十世纪的艺坛渐呈以建筑为中心的状态,而古来建筑艺术为社会政策作宣传的努力,亦无过于现代了。

以上已给西洋建筑史描了一个大体轮廓。我们仅从建筑这一端观察,即可看见自来的人类社会(除了希腊黄金时代以外)都有强权者出来压迫民众,巧立名目以收揽民心,而利用建筑艺术为其威力的装潢、宣传的手段。

社会政策的要求,与造型美术的要求、实际生活的要求,三者常不一致。社会政策要求造极大的坟墓、极高的教堂、极触目的摩天大楼为其政策的助手,但有时为建筑的构成的必然性所难能允许,故埃及的金字塔要费二十年的劳役,意大利的教堂只得中途停工，北美的摩天大楼反而不经济。[1]而在群众的实际生活上，也并不需要这样的建筑，其理无须赘说。最近苏俄的建筑家，提倡尊重建筑的实用性，不作无理的夸耀，不尚无理的新奇，而一以群众生活的实用的要求为本，由此或将展出未来时代的建筑的新样式来，亦未可知。

1 　原注：摩天大楼超过六十三层以上，因为建筑工料特费，反而不经济。故超过六十三层以上的高层建筑是全为竞争广告而造的。

坟的艺术

人世间的建筑艺术的最初的题材，不是活人住的房屋，而是死人躺的坟墓。青年的读者听到这话觉得奇怪么？现在我先把这缘由告诉你们。

世间最古的建筑艺术是坟墓（尚未成为艺术的初民时代的东西不算），而这些坟墓都建在埃及。故埃及是文化艺术发达最早之国，而又被称为"坟墓之国"。现今你们倘到埃及去，还可在那里看见许多伟大的坟墓建筑。

埃及人为什么这般热心地建造坟墓？这是古代人的一种特殊的人生观所使然的。

学过史地的人谁都知道：埃及是五六千年前建立在非洲的尼罗河沿岸的一个最古的文明国。世界最古的文明发源地有五，即亚洲的中国、印度、美索不达米亚（原文译为米索不达米亚）、美洲的墨西哥和非洲的埃及。这五古国都在四五千年以前就有文化，而其中埃及文明开发尤早,据说在六千年前已有耕种猎狩等社会生活,而且已有象形文字。凡开化最早的国,必定具有气候、交通、物产等种种便利。上述五古国,地点都在温带或热带,动植物非常繁殖,生活很丰富;又其地都有河流,灌溉和交通都很便利;这些自然的恩宠,使人类建设了稳固的农业社会。而对于埃及,自然的恩宠尤深:那条尼罗河沿岸土壤异常肥沃,为最佳的农业地带。这河每年秋季必有水泛滥,但这水不是洪水,不为人祸,却使沿岸的农作地增加滋养。故水退以后,不须用劳力去耕种,五谷自会丰登。故埃及环境最良,得天独厚,其开化亦最早。

但他们饱食暖衣之后,坐在茂盛的棕榈树下眺望自己的环境,退省自己的生活,忽然觉得恐怖起来。因为非洲北部是荒凉的大沙漠,只有他们所住的尼罗河沿岸一带,奇迹地展开着一块绿野。他们的周围都是黄沙白骨,死的国土。他们知道自己的生活端赖太阳与尼罗河两者维持着,假如这两者有一天越了常轨,譬如太阳忽然不出来了,或者尼罗河的水忽然干了,他们这地方也会立刻变成黄沙,他们的人也会立刻变成白骨!"生"与"死"的对照,非常强烈地印象在埃及人的意识中,于是他们对于自然就感到无上的畏怖。

畏怖自然,就产生自然神教。古代埃及人尊自然为神。神中最大的当然是主宰他们的生活的"太阳"与"尼罗河"。此外,牡牛、狼、鹭、鹰、蛇、鳄鱼、甲虫等也是他们的神;鲁迅先生用长竹竿打的猫,也被他们尊奉为神。他们以为这些神都能直接掌握人生的吉凶祸福,有求必应,所以他们所雕的神像,常把人形和动物形混合,例如人首狮身、人首羊身,是古代埃及雕刻中常见的形态。

奉自然为神,就在自然中看出人生的意义来。他们看见那种甲虫飞翔了一会儿之后,产卵在尼罗河畔的泥土中而死去。到了明年,泥土中又飞出许多甲虫来。这样一生一死地反复下去,甲虫永远存在,没有灭亡的时候。又看见尼罗河畔的水草,一荣一枯,也永远活着,没有灭亡的时候。他们以为这暗示着一切生命死了都能"复活",人当然也是如此。他们看见人死了,确信他将一定会复活,于是设法把他的死骸好好地保存,以便将来复活时灵魂仍旧归宿进去。他们又确信人死后依旧生活着,不过不是活的生活而是"死的生活",于是设法给他建造"死的住宅",好让他死后依旧安乐地生活。他们以为这是人生重要不过的大事,把全部精力集中在这工作上。于是,从这特殊的人生观产生特殊的艺术:死骸保存就是造"木乃伊",死的住宅就是坟墓,埃及的坟墓,完全是模仿住宅而建造的。

最初的坟墓建筑叫作"玛斯塔巴(mastaba,原文译为马斯塔罢)",是埃及第三王朝以前,大约西历纪元前四千五百年顷所盛行的。所谓玛斯塔巴,大体像我们现在所见的墓,不过大得多,而且上面成平台形,是石造的。近地面处有入口,里面是地下室，室中陈设非常富丽，有各种的供物，有各种的器具，壁上装饰着华丽的雕刻和绘画；内室有死者的家眷的雕像，或坐或侍立，宛如生人一样。最里面的地下室中，躺着死者的遗骸——木乃伊。这宛如一所住宅，不过宅中的人都是死的。

第三王朝以后，坟墓艺术大大地发展起来，其建筑形式就由玛斯塔巴一变而为"金字塔（pyramid）"。现在先把这种艺术出现的时代说明：埃及建国凡四千余年，共历三十王朝，分为古王朝、中王朝、新王朝和末期的四个时代，我们可列一个简明的年表如下：

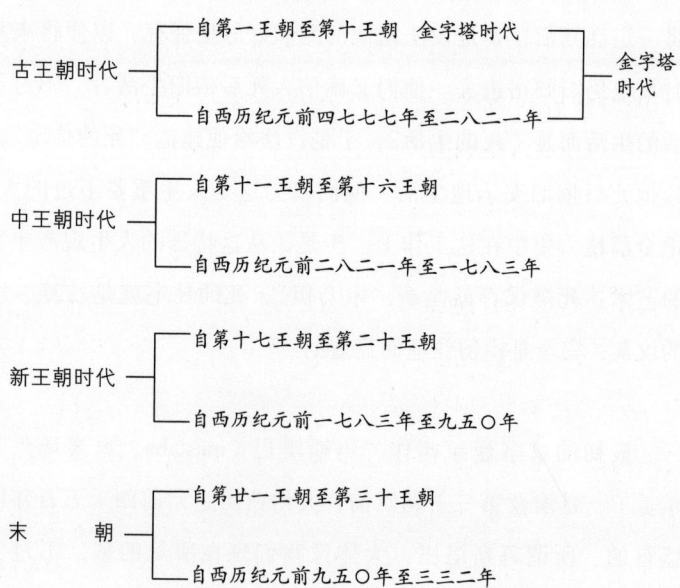

贰 | 建筑的艺术

其中古王朝是埃及最繁荣的时代，同时也是金字塔建筑最盛行的时代。英主胡夫（Khufu，第四王朝第二位法老，原文译为古夫）、哈夫拉（Khafra，第四王朝第四位法老，原文译为卡夫拉）、孟卡拉（Menkaura，第四王朝第五位法老，原文译为门卡拉）都在这时代出世，都尽力于金字塔建筑，故古王朝又被称为"金字塔时代"。中王朝是埃及中兴时代，木乃伊制造的技术在这时代最为精进。新王朝是埃及人击退东方民族的侵略，而国民运动勃兴的时代，金字塔木乃伊的艺术到这时代开始衰亡。末期埃及为外国势力所支配，民气不振，终于被亚历山大帝所并吞。

金字塔是古王朝时代盛行的建筑，但其灭亡在于第十八王朝（新王朝时代初叶），故我可说，埃及全时代的上半是金字塔建筑出现的时代，就中最伟大的金字塔，便是第四王朝的胡夫王、哈夫拉王及第五王朝的孟卡拉王自己督造的坟墓，总称为"三大金字塔"，请看插图。

三大金字塔，建设在尼罗河下流的吉萨（Giza，原文译为基才）地方的附近，是西历纪元前约三千年前的建筑物，至今已有五千余年的历史，但还是非常坚固，毫不受"时间"的破坏，于此便可想见当时建筑工程的伟大。材料全部是极坚硬的石灰岩，中央用带黄色的石灰岩，外部盖以白色的石灰岩。就中最高大的一个金字塔，是胡夫王之墓，高四百八十英尺，三角形的边长七百七十五英尺，斜面的角度为五十一度五十分。人走近去，只

埃及三大金字塔

三大金字塔中最高大的一个,是胡夫王之墓。

及塔高的约百分之一；绕塔散步一周，费时半点钟以上，其高大由此可以想见。所以建筑的时候，所费的石材和工程数目也可惊：计用二吨半重的石头二百三十万条，由十万人于廿年间造成。这是胡夫王生前自己指使百姓建造的。当时埃及人一方面畏怖自然，一方面又研究自然，科学已很发达，数学、天文学等都有可观的成绩，故建筑工程也非常进步。这二百三十万条大石头的镶合，十分精密，分毫不差；全体的形式十分正确，表示着庄严伟大的均齐对称的美；坟墓内部的构造与装置十分坚固而周详。其横断面如下图：

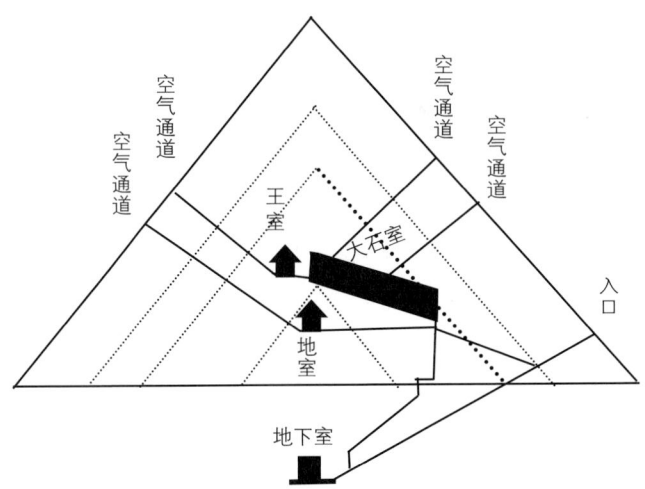

从这图中可以看见，坟墓的入口是离地面很高的。向下走了一段路，到了歧路口；再向下是地下室，仿佛人家的仆役室、汽车间之类，折向上便是死者的住宅。先来到一间广大的石室，这仿佛人家的厅堂。这厅堂的里面，便是胡夫王的寝室。内有王的棺材，和王生前爱用的种种物件。厅堂的下面，是王妃的寝室，也有王妃的棺材，和王妃生前爱用的种种物件。各室都有通气装置，如图所示，像天窗一般，一直通达金字塔的外部，使空气可以交流，胡夫王和王妃的鬼住在那里不致气闷或受潮湿。各室四壁都是雕刻和象形文字，记录着胡夫王生前的勋业与功德。

金字塔里面最重要的东西，当然是死骸。埃及人的死骸用药品香料泡制过，可以永远保存，神色同生前一样，这种死骸就是木乃伊。帝王的死骸，当然制得尤加讲究。某考古学者赞叹埃及帝王的木乃伊工作的精美，说："倘使他的臣下复活转来，一定能够立刻认识他们的大王的天颜"。埃及人的造坟墓与制木乃伊，原是为了死者的死后生活的幸福及复活时的灵魂的归宿，所以坟墓完全模仿宫室住宅而建造。木乃伊则力求其同生前无异。若制法不精，腐烂或变形了，将来灵魂归来时认不得自己的躯壳，非常危险。帝王的木乃伊，关于这一点顾虑尤加周到，除精制的木乃伊以外，棺材的盖上又刻着非常肖似的死者的雕像，万一时间过得太久，木乃伊朽腐了，而灵魂归来找不到栖处的时候，就可用棺盖上的雕像作为躯壳的代用品，使灵魂归宿进去，复活起来。棺材之外，室中又必陈列死者的许多肖像，或雕刻，或绘画。这些肖像的作用，也无非是求复活时的安全，使灵魂归来时容易找寻自己的归宿所。这种坟墓建筑，在现今的我们看来，正是一所古代生活的博物馆，却不道当初建设的时候，其用意是这样的可笑的！

三大金字塔的旁边，还有个奇怪的大雕刻，人面狮身，其名为斯芬克斯（Sphinx，原文译为史芬克斯）。关于这怪物，有种种的故事。普通传诵的，说这本来是一个活的怪物，住在山中的路旁，见有行人经过，就给他猜谜，猜不着的须给它吃掉。它的谜是："起初四只脚，后来两只脚，末了三只脚，是什么东西？"行人都猜不出，被它吃掉，白骨在它的身边堆积如山。后来一个聪明人猜着了，说这是人，人幼时匍匐而行，好像有四只脚；稍长会立起来，就变成两只脚；老了扶着拐杖走路，就好像有三只脚。谜猜着了，这怪物忽然死去，化成石质，就是现今的Sphinx。这故事，诸君在英文教科书等处，一定更详细地读到过。但埃及的Sphinx，意义与这不同：如前所说，埃及人信奉自然神教，牡牛等动物被他们尊为神的化身，故他们常把人的形象和动物的形象混合起来，创造一种奇怪的神像，Sphinx正是这种神像之一例。

三大金字塔旁边的Sphinx是何时何人所造，历史的记载也没有确定。有一说，这是在三大金字塔以前的建物，其用意是要它蹲在尼罗河岸上守视河水的；另一说，这是哈夫拉王所造的太阳神的象征，或握着绝对权威的埃及帝王的象征，人面狮身，即表示其兼有人的智慧与狮的勇力的意思。此二说不知孰是，总之，是一种极伟大而奇怪的神像。这东西离开大金字塔约九百英尺，

斯芬克斯神像

埃及人信奉自然神教，牡牛等动物被他们尊为神的化身，故他们常把人的形象和动物的形象混合起来，创造一种奇怪的神像，Sphinx正是这种神像之一例。

其身体长一百五十英尺,高七十英尺,前足长五十英尺,两前足的中间抱着一所殿堂,殿堂里又供着神像。阿拉伯(原文译为阿刺伯)人到埃及来,看了这大怪物害怕得很,称之为"恐怖之父"。这石雕的工程虽无记载,但是我们可想见其浩大当不亚于金字塔。

为了一个人的死骸安置的问题,要驱使十万人服廿年的劳役,这种专制的手腕儿远在筑万里长城的秦始皇之上!如前讲《从坟到店》中所述,埃及是专制的国家,帝王有绝对的威权,人民都绝对地服从,故帝王的坟墓造得越高、越大、越厚,其对于人民的压迫的暗示力越强。这样看来,"复活"之说,也许是愚民的一种策略。宗教是往往被支配者利用为扩张权势的手段的。

埃及艺术有二大动机:一是坟墓的艺术的要求,一是自然神教的艺术的要求。由前者产生金字塔,由后者产生神庙。在古王朝与中王朝时代,这两者是分开的;到了新王朝时代,国内群雄对峙,不复如前的集权于一人,因此大金字塔的营造也就被废,坟墓改用岩窟或与殿堂合一,叫作"坟墓殿堂"。前面说过,埃及的坟墓是模仿住宅的。现在又须知道,埃及的殿堂是世界的缩图。那石造建筑的内部,天花板上涂青色,点缀着许多星,这是表示天的;楣的上部雕着鹰,鹰是埃及人的神,这等神守视着下界;壁的下部描着或雕着波浪、花草,表示地面上的河流。埃及国土分南北二部，埃及的殿堂建筑亦分为二部。一所殿堂是一个天下的缩图，讲到建筑的伟大，同金字塔一样的可惊。现在把最伟大的卡纳克神庙（Karnak，原文译为卡尔那克神殿）附说在下面。

从开罗溯尼罗河上行三百英里[1]，到了底比斯（Thebes，原文译为推裴）。这是新王朝时代的艺术中心地，位在尼罗河的东岸。世界最大的宗教建筑卡纳克神庙就建在这地方。这神庙建筑始于第十一王朝（纪元前约二千五百年顷，中王朝初叶），至第十二王朝更加扩大，到了第十八王朝（新王朝初叶）营造最为热心，大致臻于完成，后来第二十王朝（新王朝末叶）诸帝王又屡加增修，前后共历数百年方始完成。但大部的工作是第十八王朝的图特摩斯（Thutmose，原文译为吐特摩斯）大帝所经营，故不妨说这神庙是新王朝时代的遗物。

现在把埃及神庙的正面图[2]揭示如下。读者看了殿的门前走着的游人的大小，便可想见殿的高大。

据记载，卡纳克神庙的前面开阔三百六十英尺，深度一千二百英尺。门外路的两侧蹲着无数狮身人面的Sphinx，为神庙

1 　1 英里为 5280 英尺，约 1609 米，原文使用已废除的旧计量单位"哩"，本书统一替换为英里，以下不再注明。
2 　此处原有丰子恺提供插图，模糊难辨，故编者替换为大致相似的高清图，以供参阅。

此为卡纳克神庙的正面图,看了殿的门前走着的游人的大小,便可想见殿的高大。

卡纳克神庙全景

卡纳克神庙斯芬克斯大道

卡纳克神庙的前面开阔三百六十英尺，深度一千二百英尺。门外路的两侧蹲着无数狮身人面的Sphinx，为神庙的门卫。

卡纳克神庙
多柱厅

卡纳克神庙内有许多巨大石柱,柱上刻着精美浮雕。

的门卫，上面覆着深绿的棕榈树。殿自外而内，凡经六个巨门（Pyron）。第一个巨门最巨，幅三百六十英尺，厚五十英尺，高一百五十英尺。门上雕着帝王的功业的图说。门前有一对方尖碑（obelisk，原文译为方尖塔），碑尖上涂以白金，照在太阳中闪闪发光。碑的四周用象形文字记载着帝王的事迹。门口有一对图特摩斯大帝的大石像，又有一对大 Sphinx。殿内分三进：第一进，四周是巨大石柱，中央陈列着种种高贵的供物，如大瓶的香油，盛黄金的象牙的箱，肥大的牲牛、骏马等；第二进，四周又是巨大的石柱，柱上刻着浮雕，是赞美神的恩惠的。第三进，是一个巨大而幽暗的柱堂，广三百四十英尺，深一百七十英尺，共有大石柱一百三十余根，分作十六列，中央二列石柱最大，直径十一英尺六英寸[1]，高六十九英尺，柱头作花形。左右两旁各七列石柱稍小，直径八英尺五英寸，高同上，柱头作蕾形。关于这柱堂的巨大，传记者这样地描写着：每根大石柱的莲花柱头上，可以站立一百个人。又说：巴黎圣母院可以全部纳入这柱堂内。各柱全体浮雕、涂金，真是庄严伟大！

神像供在这大柱堂的里面的幽室中，其神称为 Amon-Re（阿蒙拉），就是最高神 Amon（阿蒙）与太阳神 Re（拉）的合祠。大帝每年入殿祈神一次，仪式非常隆重。

---

[1] 1英寸=2.54厘米，原文使用已废除的旧计量单位"吋"，本书统一替换为英寸，以下不再注明。

卡纳克神庙的对岸（尼罗河的西岸），是有名的"死之都"，又称为"王墓之谷（Valley of Kings）"。是新王朝时代诸帝王的坟所会聚的地方。前面说过，新王朝时代的坟墓不用金字塔形式而改用岩窟或殿堂形式，这王墓之谷便是坟墓殿堂的建筑地。墓室都造在地下，室的四周是壁画，室中陈列着"死者的书"，就是记录死者的事迹的。其中主要的，有阿蒙诺菲斯三世（Amenophis III，第十八王朝，原文译为亚美诺斐斯三世）、图特摩斯一世（Thotomes I，第十八王朝，原文译为托托美斯一世）、塞提一世（Sety I，第十九王朝，原文译为赛谛一世），及拉美西斯二世、三世（Rameses II、III，第十九王朝，原文译为拉美赛斯）的墓室。十九、二十世纪以来，这些古帝王的墓室常被考古学者所发掘，而从其中搬出许多宝贵的古物来陈列在博物馆里供人观赏。当日的丧葬大礼，到现在只是一种观赏兴趣。人类的历史何等滑稽！

古王朝是坟墓建筑大盛的时代，新王朝是神庙建筑大盛的时代。新王朝以后，埃及受外国人势力的压迫，国势衰落，艺术亦无可言。到了西历纪元前五百二十五年，埃及就被波斯所灭，不久其地又归希腊，纪元前三十年，复由希腊人手中让给罗马。到了纪元后六百四十年，埃及各处点缀着簇新的回教教堂，已成为回教的世界，略如现今的状态了。唯有那庞大的金字塔、斯芬克斯和神庙遗迹，依旧蹲在那里，直到现今。好像火车中要乘到终点才下车的几个长途旅客，一任旁的人上上下下，只管一动不动地坐在自己的位子里。

神庙的艺术

这回要讲的是希腊的神庙建筑的话。希腊的神庙，是古今东西最精美的、最艺术的建筑。我要讲得稍长些。

开头先得把希腊的国情讲一讲。

希腊人是全世界最"艺术的"民族，这与其国的天时地利都有密切的关系。它的地点位在半热带上，气候温暖，五风十雨，故土地肥沃，生物繁衍，这是希腊文明的稳固的根柢。纪元前八世纪，希腊文明已经相当地发展。当时已有很进步的吟咏史诗，就是今日世间传诵着的《伊利亚特》（*Iliad*）、《奥德赛》（*Odyssey*，原文译为奥特赛）等叙事诗。这种文学，相传是当时希腊的盲诗人荷马（Homeros）所作。这盲诗人自己弹着当时的乐器里拉（lyre，现又译为诗琴，原文译为理拉）而歌唱这些诗。可知文学、音乐，在希腊很早就发达。

希腊的地势很特别：小小的山脉，好像叶脉一般分布在全国，把全国隔分为许多小区域。住在各区域中的人民，犹似住在各教室中的学生，各自为一群而励精图治。然而其地三面环海，各教室由海道交通又很便利，并不是完全声气不通的。因了地势特殊的关系，希腊自然地变成"都市国家"。每一区为一都市，希腊全国就由各都市联合而成。都市国家的民风的特色，是缺乏意志的疏通，而富有竞争的精神，所以各区域好像各小国，对外时联成一家，平日却互相比较、竞争，犹似学生的竞争分数，因此各区文化状态不同。最显著的，雅典人尚文，斯巴达人尚武，这是读过历史的人大家知道的。希腊地下富有良好的大理石，这是希腊建筑精美的一种助力。南国空气透明，使人民富有神性的观念，也是希腊神庙建筑盛行的一个原因。

希腊人的神性观念，与爱国心和艺术思想密切地相联络，这正是"希腊精神"的可贵的特色。所谓"希腊精神"，是一种爱国的自由自治的精神。但他们的爱国，不取自私自利的国家主义的态度，乃用宗教信仰的形式，而他们的宗教信仰，也不取严谨的唯心主义的态度，乃用艺术研究的形式。希腊人的爱国，经过了宗教的"纯化"，与艺术的"美化"，而显示一种非常调和的自由自治的精神。从古以来，国家人民的团结精神，未有盛于希腊者。希腊人视艺术同宗教一样，敬神就是爱国。故国势强盛时，宗教和艺术都发达，全国上下融和，精神与物质一致。自来群众生活的幸福，亦未有盛于希腊者。

希腊人因为爱自由，故艺术为他们的社会生活的必需之物，民众的意识完全是"艺术的"。为了"美"，大家忘怀了自己，把全身精力贡献出来，故自来民众艺术的优秀，亦未有甚于希腊者。希腊全岛自从西历纪元前七百七十六年开始，每四年举行一次国民竞技大会，叫作奥林匹克运动会（Olympics，原文译为奥林比克游艺会）。这会在名目上是为祭大神Zeus（宙斯）而开的；其实他们在神前竞技，借以奖励体育，提倡尚武精神。健康美是艺术的基础，尚武精神是爱国的手段。所以在这运动会里，宗教、艺术和爱国，三位一体地融合着。在这竞技中，体格的健美为优胜的根基。无论男女，第一要修养健康的体格。竞技优胜的人，被照自己的身体雕刻一个裸体像，陈设在会中。裸体雕像就从这时候（前六世纪）开始盛行。在这样的奖励之下，健、美、强、光荣就合并为一物。故英国诗人济慈（Keats）咏奥林匹克的胜利的诗中有这样的句子：

> tis the eternal law,
>
> The first in beauty should be
>
> the first in might.

大意是说"美中第一的人，应是力强中第一的人。这是永远的法则"。故希腊的艺术中，舞蹈发达得很早。舞蹈是一种很好的全身运动，而又表现出各种的姿态美。如莎翁（Shakespeare，莎士比亚）所说，舞蹈是"四肢的笑"。在四肢的姿态上看来，我们平日行住坐卧,都是死板的,没有什么表情;唯有舞的时候,四肢表出美的姿态,当它一个脸孔看,就好像在笑。希腊人拿四肢的笑来敬神,比较起我们佛教里的膜拜来,更为自由而美丽,可见希腊是天生的艺术的民族。

希腊全国,如前所说,因小山脉的天然界限而区分为许多小邦,其中雅典和斯巴达二邦文化最为优秀。雅典人是属于伊奥尼亚(Ionia)族的,斯巴达人是属于多利亚(Doria,一译多利安,原文译为独利亚)族的。这两族是希腊人中的最优秀分子,而性行显著地各异。伊奥尼亚人尚文,多利亚人尚武,故雅典文艺的昌盛为古今所未有。雅典人信奉其明君伯里克斯的话:"理想即实行。"故他们所有的美的理想,都结晶在艺术中而表现。他们的思想,可说是个人主义与国家主义的结合。尚武的斯巴达人,态度就完全和雅典人不同:他们完全是国家中心主义者。男子养到七岁,就要走出家庭,被交托于政府,由政府施以合理的训育,养成一个健全的国民。遇有战争,全国的人一致用他们的健全的身手去御侮,保国先于保身,国亡宁可身死。斯巴达的母亲们当孩子出征时,这样地对他话别:"你此去不是持了盾牌归来,必须用盾牌载了你的身体归来。"败归是母亲们所不许的。

这最优秀的二邦之中,雅典文明比斯巴达尤为炽盛。雅典的全盛时代,在于纪元前五世纪。自纪元前四百六十六年至四百廿八年的四十年间,为雅典全盛期的绝顶点。原因当然是国势的扩张,自纪元前四百九十三年至四百四十九年之间,希腊与波斯人战,屡获大胜,而大功属于雅典人。文化的全盛就在这大胜之后开始。当时雅典的明主,是大政治家伯里克斯。他为纪念优胜,粉饰太平,首先提倡重修雅典守护神之殿。希腊人本来是富于神性的,伯里克斯的计划也是因势利导,利用人民的神性来巩固国家。国家的胜利是神的佑护所致,敬神就是爱国。读者或将以为这也是一种愚民政策么?我以为即使是,伯里克斯亦无罪。因为他自己也只享受市民一份子的权利,与雅典全体市民平等。拿宗教艺术作为收揽群众的心的手段,是真的。为谋群众的幸福而收揽群众的心,正是最善良的向导者的所为。

希腊人很早就有敬神的观念。纪元前五百十年,希腊出了一个暴君,百姓受其虐害。当时有两个志士,名叫哈莫狄奥斯(Harmodius,原文译为哈莫提乌斯)与阿里斯托吉顿(Aristogiton,原文译为亚里索葛登)的,仗剑入宫,杀了这暴君,为群众除害。全希腊的人崇敬这两位志士,当时请有名的雕刻家安忒诺耳(Antenor,原文译为安推诺尔)为这二人雕像。像作拔剑奋起之姿,勇武可敬,后代的希腊人就供祀这两个像,奉他们为国土的守护神。希腊国势果然日益强盛。后来波斯王讨希腊,陷雅典。波斯人相信希腊的强盛确是由这两个神像的佑护而来,便把它们夺了去。希腊人也确信他们的强盛乃由神像佑护而来,以为国民不可一日无此像,立刻另雕起两个来奉祀,所以这两个雕刻,相传有新旧二型。后来希腊有名的英主亚历山大帝征波斯,进军的第一目的是夺回二神像。现今这像陈列在意大利那不勒斯的博物馆里，但是新型抑旧型，无从考知了。

希腊人对于神的信仰，向来是这样深挚的，所以伯里克斯打了胜仗，做了全希腊的盟主，第一件事是重修以前被波斯人所毁坏的雅典卫城（acropolis，原文译为城山）上的神庙。

所谓卫城，是雅典市西南方的一个孤丘。形势很特殊：除了西面一个狭小的入口以外，其他三面都是断崖。其地面，南北长五百十四英尺，东西长八百九十一英尺。雅典市本来就建设在这小小的丘上，后来发展起来，移建在丘麓，而以丘为供奉神明之处。纪元前四百八十年，波斯军侵入雅典，毁坏了丘上的神庙。其后，自四百六十年至四百三十五年之间，伯里克斯大胜波斯，就在这时候发起重修丘上的神庙。

丘上共有三处神庙：位在西侧入口处的叫作Propylon，就是"山门（原文译为总门）"。位在丘的北面的叫作Erechtheum，音译为"厄瑞克修姆（原文译为爱来克推昂）神庙"。位在丘的中央（稍偏右）的叫作Parthenon，即"帕特农神庙（原文译为巴尔推浓神庙）"，为丘中的主要的建筑，形体最大，工事最精，为守护女神的黄金象牙雕像所供祀的地方，便是本文所讲的主要题材。请看插图的雅典卫城全景：这是卫城复旧后的全图。图的下方，就是西面的总门。上方最高的一所柱堂（位在中央偏右），便是

卫城，是雅典市西南方的一个孤丘。形势很特殊：除了西面一个狭小的入口以外，其他三面都是断崖。雅典市本来就建设在这小小的丘上，后来移建在丘麓，而以丘为供奉神明之处。

雅典卫城全景

帕特农；其左面（即北面）较低而远的一所柱堂，就是厄瑞克修姆。但到了今日，这卫城上的神庙已大部分被毁，只留存残废不全的遗迹了。

如前讲所说，埃及的帝王曾令十万工人用二百三十万条二吨半重的石头在廿年间建造高四百八十六英尺的金字塔。希腊人决不会做出这种笨举来的，希腊人对于建筑艺术不在乎"大"，而力求其"精美"。图中所示的帕特农神庙，高不过七十英尺，然而材料和工作精美之极，自来美术史家称颂之为"人类文化的最高表象""世界美术的王冠"。读者看了插图，听到这种称颂的话，最初一定怀疑美术史家的夸张。因为图中所示，只是支离残缺的一只破庙，怎么当得起"最高表象""王冠"的赞辞？不错，图中所示的原是照相缩小了的遗迹图，但当二千四百年前，这遗址上曾经载着世界无比的精美的艺术品。二千四百年来的天力的磨损或人力的摧残，使它变成了图中所示的模样。

这神庙建筑动工于纪元前四百五十四年，前四百三十八年献神，到了前四百零八年而完工。全部用世间最良的大理石，即所谓"彭特利库斯（Pentelicus，雅典北方一山名，山中所产大理石为世界最良者，原文译为奔推理克斯）大理石"建成。殿作长方形，向西。正面和后面各八根柱子，两旁各十七根柱子，内阵还有两排柱，每排六根。中央供着守护雅典的处女神像，即Athena Parthenon（雅典娜·帕特农）。神像全用黄金和象牙雕成，右手执长枪，左手持盾，和平威严的一种女丈夫相。这像现今陈列在伦敦的大英博物馆（不列颠博物馆）的爱琴室中。世界各处的大博物馆中，都有同样的复制品，因为这是名手的雕刻。伯里克斯建造这神庙时，聘请有名的雕刻家菲狄亚斯为工事总长，神像雕刻即出于菲氏之手。又请二位有名的建筑家，即伊克蒂诺与卡利克拉特（Callicrates，原文译为卡利克雷推史），大理石的殿堂就是他们两人设计建造的。看似只有一排一排的柱子，并无何等巧妙；然而这殿堂全体的姿态，以至各小部分的形状，都是根据希腊人所独得的极进步的美感的要求而精密地构成，以此被称为"世界美术的王冠""人类文化的最高表象"。现在再举希腊神庙构造的一例。读者看了这图，已可约略知道这种建筑的精美。现在可把关于这建筑的美术的设计约略地说一说，更使读者知道其精美的所以。

希腊的神庙建筑的式样，称为"楣式建筑"。楣就是屋顶下面的水平的横木。在石造建筑上就是一根横石条。这石条的下面，由许多柱支住，称为"柱列"。柱列为楣式建筑的主要部分，所以楣式建筑的派别，常以柱列的形式为标准而区分。这与埃及的神庙建筑相同。不过埃及神庙的柱不在外面而在里面，希腊则表出之在殿的四围，其殿称为"柱堂"。埃及的殿较大，人走进殿内去礼拜，希腊的柱堂较小，里面仅供神像，拜者都在柱堂外面的空地上，所以希腊的殿，外观非常注重，即柱列的形式非常讲究。

帕特农神庙

帕特农神庙全体的姿态，以至各小部分的形状，都是根据希腊人所独得的极进步的美感的要求而精密地构成，以此被称为『世界美术的王冠』『人类文化的最高表象』。

希腊建筑共有三种"柱式"。因为创行于多利亚、伊奥尼亚、科林斯（Corinth，原文译为可林德）三地方，故称为：

（1）多利亚式（Doric order）——健全；
（2）伊奥尼亚式（Ionic order）——典雅；
（3）科林斯式（Corinthian order）——华丽。

这三种柱式，趣味各殊：多利亚式的柱粗而矮，柱头简单，柱脚无底盘，全体朴素、坚实而庄重，以安定为本位，故有健全之感；伊奥尼亚式的柱细长，柱头作涡卷纹样，柱脚有层层的底盘，全体轻快、玲珑而洗练，以趣味为本位，故形式复杂而有典雅之趣；科林斯式的比前者尤加复杂，柱身一样细长，柱脚一样有层层的底盘，而柱头的纹样比前者更为细致，雕着莨苕花（acanthus，爵床科植物）的叶子的图案纹样，用以连接柱头和楣，楣上的雕工亦比前者复杂，全体富于华丽之感。这不是完全的希腊建筑样式，乃在希腊趣味中加入后代社会的新趣向而创生，流行的时代亦远在亚力山大帝之后。故三种柱式中，前两者是纯正的希腊风，为希腊全盛期建筑所重用；后者是希腊末期的东西，远不及前二者有价值。因为以植物的叶子的图案作为柱头装饰，这部分有柔弱的感觉，好像不能承受上面的石楣的重量；既不"合理"，又使人起不安定之感。希腊人尊重"合理性"，不欢喜"华丽"，故科林斯柱式不是纯希腊风的建筑形式。

后来意大利人又创造两种柱式，即：

托斯卡纳式　　多利亚式　　伊奥尼亚式　　科林斯式　　混合式

西洋建筑五柱式

各柱式的长短、广狭及装饰，各自不同，而趣味亦各异。西洋建筑上所用的柱式，大概不外这五种。

（4）托斯卡纳式（Tuscan order，原文译为塔斯康式）——似多利亚式；

（5）混合式（Composite order）——似科林斯式。

合前三者，一共五种柱式，称为"西洋建筑的五柱式"。见上页图。各柱式的长短、广狭及装饰，各自不同，而趣味亦各异。西洋建筑上所用的柱式，大概不外这五种。

话归本题。雅典卫城中的二神庙，取两种柱式：帕特农取多利亚式，厄瑞克修姆取伊奥尼亚式。但希腊的建筑艺术，不仅讲究了柱式而止。关于帕特农正殿全体的构成，两位建筑家曾经煞费苦心。他们为求神庙形式的十全的美满与调和，曾用其异常锐敏的视觉，于各部的大小、粗细、弯度，及装饰上加以种种精密的研究，其工作名曰"视觉矫正（optical correction）"。今举例说明于下。

前面说过，希腊人是世界上最"艺术的"民族，故希腊人的眼睛的感觉异常灵敏。他们觉得几何学的线，都不正确且不美观。因为人的眼睛有错觉，绝对的几何的直线，有时看起来不是直的，有伤美观，非矫正不可。这方法叫作"视觉矫正"。用锐敏的视觉观看世间，自然界是十分调和美满的有机体，机械的直线和几何的形体，感觉非常冷酷，毫无生气，简直没有加入大自然中的资格。故在南国的美丽的自然环境中要造一所十分调和美满的建筑，一切几何的形体和线都不中用，非凭视觉的美感去矫正不可。视觉矫正的重要者有五项：

（1）帕特农的柱列，例如正面八根柱，照我们想起来总是垂直地并列着的。其实这八根柱子只有中央两根垂直，左右两旁的六根都向内倾斜，越近两边而倾斜越甚。实际上照下图G的样子排列着，上小下大，略似金字塔模样。为什么不一概垂直而要像G一般排列呢？这八根柱上面载着很重的石楣。在实际上，下面这许多大石柱颇能担当这石楣的分量，毫无危险，但在感觉上，好像柱的担负很重，难于胜任似的。所以你倘把这八根柱照几何的正确而排列，如同图E，看起来就变成像F的模样：石楣压迫下来，旁边的柱子都被压得向外分开，使人感觉危险，不安心。这是一种错觉。欲矫正这错觉，只有把八根柱子照G图排列，上面向内收小些，以抵补错觉的向外分开，于是看起来就觉得八根柱并行垂直，像E图一样了。但柱的倾斜之度极微。如C图所示，就柱轴而论，全长约三十四英尺的柱，柱轴顶向内倾斜约三英寸。

（2）帕特农的屋基（base），即柱脚下的基石，照我们想来总是水平的直线，其实却是中部向上凸起的弧线，如G图所示，其凸起的程度：殿的前后两面，屋基长一百〇一英尺，正中央比两端凸起三英寸。殿的左右两面，屋基长二百二十七英尺，正中央比两端凸起四英寸。其下面的阶石三级，也跟了基石作微凸

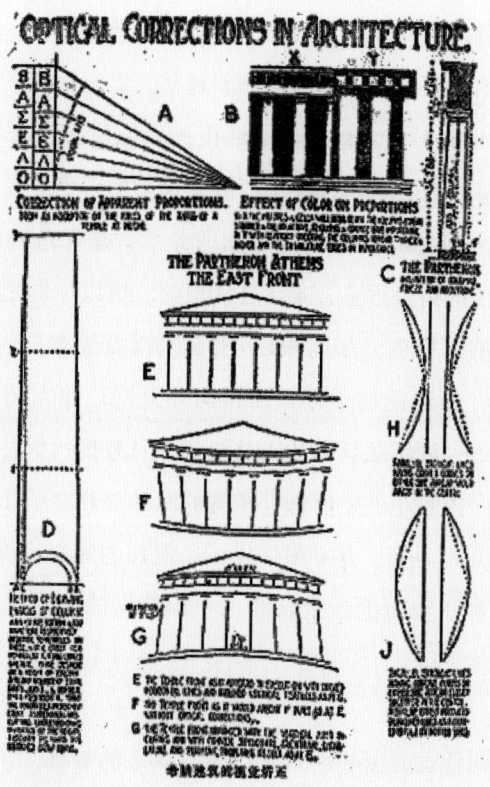

的弧线。但这些弧线的弯度，当然是微乎其微，渐乎其渐，就各部分看来仍是直线。只有从一端向彼端，同木匠司务一般闭住了一只眼睛而探望，才见中部微微凸起。为什么要使中部凸起？也是感觉的关系：因为上方的石楣和石柱压力很重，倘基石用几何的水平直线如E图，你望去会看见F图的模样，基石似被压得向下凹，屋子似将陷落，很不安心的。故必须造成如G图的向上凸，以补足其向下凹的感觉，于是眺望时就看见像E图的正确的水平形了。

（3）帕特农的柱，不是几何的圆柱形，即两旁不是两根直线，却用复杂的曲线包成。其曲线上方渐小，而下方渐大，如D图所示。图中下方AB为柱下端直径之长，CD为上端直径之长。中分三阶段渐渐向上收小。全体没有一段几何的直线，都好像人体上的曲线，有弹力似的。这D图的作法，名曰entasis（卷杀），即柱体胴部膨胀法。为什么要如此？因为几何的平行直线，看时会发生错觉，好像两端向左右分开，而中央细弱欲断似的，如H图所示。必须像J图中部膨胀，方见两直线正确平行。entasis即根据这种错觉而来的矫正法。柱的上部负着石楣的重量，倘用几何的直线，则中部细弱的错觉使全体建筑物显出危险样子，使看者很不安心。只有entasis法的曲线，好像有生命的活物的肢体，稳妥地承受石楣的重量，使人感觉安定快适，这神庙便似一件天生的活物，完全调和于周围的大自然中。

（4）帕特农的柱列，不是每相邻两根距离相等的。又全体各部的装饰，也不是像普通图案的带模样一般地距离均匀的。他们根据了观者的视线的仰角的大小而施以种种的长短、广狭的变化，故实际上各部大小并不均匀，而映入观者眼中时十分均匀。仰角之理，如A图所示：假定我们要在六丈高的壁上横断地划分为均匀的六格，不可用几何的方法把它分为每格一丈（如A图中左边上的自O至B）。我们必须使下面的格子小而上面的格子渐渐放大（如A图中右方的自O至B）。因为前者映入眼中时，觉得上方的渐小而下方的渐大。故必须把上方的渐次放大，方才看见均匀的状态。试看图中的仰角的视觉线（visual rays）所示，壁上的格子实际上虽大小不均，但投影于眼中时，上面格子渐次缩小，成了与各视觉线相交的弧线（点线）上的状态，即各格距离相等而均匀了。帕特农神庙各部的尺寸，都根据这仰角之理而加减伸缩，故感觉上十分美满。

（5）帕特农的柱，不是根根一样粗细的。大概两边：上部的柱较粗，中部的柱较细。因为凡物衬着明亮的背景时，看起来好像细些；反之，衬着黑暗的背景时，看起来好像粗些。如B图中X及Y所示。这好比一个人，站在野外时看似瘦些，站在门中时看似胖些。帕特农两边上的柱，以天空为背景；中部的柱，以殿堂的内阵为背景。倘用同样粗细的柱，眺望时必见两边上的柱异常细而中部的柱异常粗，很不美观。故必须把两边上的柱加粗，把中部的柱缩细，以补足这错觉，方才看见各柱一样粗细。柱上面的小间壁（metopes）也不是大小一致的，亦因背景的明暗加减其大小，亦如B图中X与Y所示。

看了以上所述的帕特农神庙建筑的视觉矫正的五要项，谁不惊叹希腊人的造型美感的异常的灵敏？想象了这殿堂的十全之姿，而反观我们日常所见的所谓建筑，真是草率了事，谈不到"美术"的。想象希腊市民的丰富的美术教养，而反观我们日常所见的人，就觉得他们的眼睛对于形式，气度太过宽大：大小不称，粗细不匀，都漠然不觉；曲了也无妨，歪了也不要紧，只要满足了"实用"的条件，一切形式皆非所计较。气度不是太过宽大么？

话归本题：帕特农的建筑，除了上述的视觉矫正之外，其他工事的精美尚不可胜言。

柱的表面，都刻着细沟，每柱周围二十沟。沟的作用，一则使柱增加垂直之感，二则希腊地在南欧，日光强烈，光滑的大理石柱面，反映太强，刺激人目使起不快之感，故设细沟以减少反光。

柱的头上，必加曲线（多利亚式的也必有一层曲线），其作用使柱与楣的接合处柔和自然，好似天成，因此柱可减少负重的感觉。

各部石材接合的地方，绝对不用胶[如水门汀（水泥）、石灰等]，全用凿工镶合，毫厘不差，天衣无缝。故帕特农全体好像一套积木玩具，假如有巨人来玩，可以把它全部一块一块地拆开，再一块一块地搭拢来，而且希腊人非常讲究力学，虽然构造上全不用胶，但非常坚牢。试看现今的遗迹的正确，即可确信这神庙倘无人力的破坏，二千四百年来一定完好如初。

总之，希腊神庙建筑的形式美，可谓十全。其中变化非常多样，而全体非常调和统一，可谓"多样统一（variety in unity）"的至例，故美术史家称这神庙为"理想在彭特利库斯大理石上的结晶"，又称之为"人类文化的最高表象""世界美术的王冠"。

不幸而这"世界美术的王冠"，纪元之后就被战争所摧残，经过了历次的劫祸，成了破庙的模样。罗马兴，基督教势力侵入希腊时，雅典处女神就被放逐，帕特农神庙被改用为基督教堂。殿内外所有关于神的描写的浮雕（皆菲狄亚斯手作的）都被取除，而在那里改装了血腥气的十字架。东罗马灭亡后，希腊又归属于土耳其，帕特农又改为回教教堂；除去了十字架，而在四周立起回教建筑的尖塔来。十七世纪时，土耳其御外侮，以这卫城为要塞，以帕特农为火药库。敌军的炮弹打进殿中，火药爆发起来，殿的中部坠落，这是一千六百四十五年的事。十八世纪末，英国驻土耳其大使埃尔金（Lord Elgin，原文译为爱尔琴）惋惜这等古代美术的沦亡，出些钱，向土耳其人买了殿内可移动的一切雕刻，送到伦敦的大英博物馆去保藏。这似是文化掠夺，但也幸亏他拿去，后来希腊独立战争时免得损失，英诗人拜伦却埋怨埃尔金。当希腊独立战争时，拜伦因热爱希腊艺术之心，投笔从军，到这残废的帕特农神庙前来痛哭赋诗，在诗中诅咒拆去浮雕的埃尔金和英国人。

关于帕特农已经叙述完毕。其北面的厄瑞克修姆神庙，在美术上亦有可观。殿由三部合成。东部为伊奥尼亚式柱堂，正面六根柱，其北边一根已被英人取去，今仅余五根。柱高廿二英尺，直径二英尺半，每柱有沟廿四条，柱顶作涡卷纹，形式优美。柱堂内亦供雅典娜守护神。北部也是伊奥尼亚式柱堂，前面四根，余不明。东部意匠非常特别，叫作女身柱堂。前面的四根柱，和后面两旁的两根柱，皆雕成女子立像的形式。像高七英尺半，立在离地八英尺的大理石基上。这前后六个女身柱，作对称形：东边的三个各左腿直立而右膝微屈，西边的三个各右腿直立而左膝微屈。西面第二像已被英人取去，现在其原位上补装一模造品。这建筑不过意匠特殊，艺术的价值远不及帕特农。这殿堂在君士坦丁大帝时曾被用为纪念堂，后历遭破损，十九世纪中稍稍修葺，大致复旧。

厄瑞克修姆神庙女身柱堂

女身柱堂前面的四根柱，和后面两旁的两根柱，皆雕成女子立像的形式。像高七英尺半，立在离地八英尺的大理石基上。这前后六个女身柱，作对称形：东边的三个各左腿直立而右膝微屈，西边的三个各右腿直立而左膝微屈。

贰｜建筑的艺术

教堂的艺术

西洋的建筑史，可说有大半部是关于教堂建筑的。自四世纪至十七世纪的千余年间，建筑家所研究的题目老是教堂，故教堂的艺术，详细地说起来，"洋装一厚册"也说不尽。现在我只谈谈此种艺术的来由、概况和几个著例。

神庙与教堂的区别：前者是以住神（神像）为主的，后者是以住人（教徒）为主的；前者是所谓"异教时代"的宗教建筑，后者是基督教时代的宗教建筑。异教，就是异于基督教的宗教，像埃及的崇奉自然神，希腊崇奉守护神，在基督教看来都是异教，而基督教算是正教。

基督教成为正教，始于西历纪元三百十三年。基督教徒在以前一直受罗马人虐杀，后来他们帮君士坦丁大帝杀敌，获大胜利，大帝就在三百十三年下"基督教徒保护令"。基督教徒感激之余，帮他夺江山愈加出力，终于使他在纪元三百廿三年上统一东西罗马，获得了绝对的支配权。这一年他又下令，定基督教为

"国教"。这两个令非同小可！千余年间政治和宗教的葛藤、艺术和宗教的纠缠，皆从这时候开始。这可说是文化史上的一大转机。

基督教徒在被虐杀的时代，设礼拜堂于地窖中，名之曰"卡塔可姆（catacomb）"，即地下礼拜堂。到基督教被钦定为国教之后，就在地上建筑教堂，名之曰"巴西利卡（basilica，原文译为罢西理卡）"[1] 即地上礼拜堂。这是最初的教堂建筑，重在实用而忽略形式。六世纪以后基督教逐渐得势起来，这种教堂建筑的形式也逐渐进步起来，成为华丽的"拜占庭式（Byzantine）"与庄重的"罗马式（Romanesque，原文译为罗马内史克式）"。到了十三世纪的教权全盛时代，教堂建筑也极度地艺术化，成为锦绣的森林似的"哥特式"。十六世纪后，商业都市兴，复古运动盛，宗教势力开始衰落，教堂建筑也渐渐疏远宗教而取古典美的形式，成为"复兴式"。至十七世纪而教堂建筑告终，转入宫室建筑的时代。自来艺术常被政治、宗教、社会运动所利用，巧妙地为它们作宣传。建筑因为是"实用艺术"，被利用得更加密切。政治、宗教、艺术三者，在教堂建筑中具象地连结着，给我们以种种回顾的兴味。现在把上述的经过略加说明如下。

---

[1] 长方形大会堂，是用于案件审判、集会等的建筑物。

一、地下礼拜堂

这种教堂的出发点，是地窖。当四世纪以前，罗马人疾视基督教，不许他们在地上建立礼拜堂，又屡次虐杀教徒，或令他们当奴隶，或把他们驱逐出境，甚或把反抗命令的教徒的身体用油脂涂裹，当作大蜡烛燃烧，以照明他们的狂欢的歌舞宴会，然而教徒的信仰心益坚。不许在地上建教堂，他们就在地下设立机关，开一地窖，当作秘密集会之所，这就是所谓"地下礼拜堂（catacomb）"。我国春秋时代的郑庄公对他的生母说了一句"不及黄泉，无相见也"，后来懊悔起来，为维持王者的言语的尊严，曾经"掘地及泉"，和他的母亲在隧道里相见。西洋初期基督教徒的营造地下礼拜堂，和这件东洋历史上的故事大致相类，不过前者是主动的，后者是被迫的。这些地下礼拜堂的壁上，凿着许多龛。他们把被虐杀的信徒的尸体或骨片供养在龛中，而在那里虔敬地祈祷。龛的里面雕刻着种种教义的表号，例如草蔓、果实、花卉、小羊、鸠、小船等，各表示着一种宗教的意义。这些地窖，便是他年的锦绣的森林似的大教堂的胚胎。

二、地上礼拜堂

君士坦丁大帝教徒护令一下，基督教徒重见天日，就开始堂皇地在地上建筑教堂，这就叫作"地上礼拜堂（basilica）"。这是教堂建筑的萌芽，形式朴质，以实用为本位。基督教徒受了长年的压迫之后，一朝得势，便毁坏异教的神庙，拿他们的石材来改建基督教教堂。这种教堂的建筑法，与异教的神庙（例如希腊罗马的神庙）不同。异教的神庙以供神像为目的，拜祷的人都在殿外，故神庙不须顾到住人的"实用"，可以自由地讲求美的效果，造成精巧玲珑的像帕特农的殿堂。现在的基督教教堂目的就和它们不同：它们是为了人而造的，为了教徒做礼拜而造的。这些教堂建筑含有救济众生的使命，仿佛是教徒的集会所，是地上的天国，其造法当然以实用为本位。因此这种建筑，完全反对向来的罗马神庙的样式，却以罗马的 basilica 为范本。所谓 basilica 是一种公共集会处，皇帝的公厅、法庭、市场、民众的会所，都包含在这建筑里面。其地基一律取长方形，一方的短边的正中开着大门，其对方的短边的正中设着龛，龛的前面设一小小祭坛。其余长方形的广场中全部是教徒祈祷、众生礼拜的地方，故 basilica 在罗马时代原是"裁判所"的意义，到了基督教时代就变成了教堂。外形相似，名称相仍，而作用不同，只是内部构造稍异：东西向的长方建筑物中，外面设一正方形的回廊，于其中央设泉水。里面的广间有两排或四排的柱列，纵断地把这广闻区划为三个或五个的细长广间，中央的一间比两旁的稍广，且高，祭坛就设在这中央广间的里面。像罗马的 Sta Maria Maggiore（马杰奥尔圣母玛丽亚）大教堂，便是 basilica 的遗构的一例。

这 basilica 是教堂建筑的基本形式。基督教文化渐次发展，教堂建筑形式亦渐次复杂化，但这基本形式始终不改。

三、拜占庭式

君士坦丁大帝统一罗马后,即迁都于东部拜占庭(Byzantium),这种教堂建筑的基本形式跟了他东渐。后来建筑法渐次进步,形式大加华丽,建筑史上称之为"拜占庭式",为教堂建筑的一种特殊的风格。其地的圣索菲亚教堂(St.Sophia,原文译为虽索斐亚寺)便是其一个代表的例子,这教堂现在还完好地立在君士坦丁堡(大帝迁都拜占庭后,改称其地名为君士坦丁堡),这是大帝祀奉全能神而建设的。后经火灾,重建,完工于五百三十七年。其天井高一百八十六英尺,全体涂纯金,内有金银七彩的马赛克(mosaic,原文译为大理石嵌细工),东方艺术的风趣极为浓重。同地同风的建筑非常发达,自成一种文化,称为"拜占庭艺术"。千四百三十五年,此古都为土耳其所灭,这种文化散布各地。

basilica的教堂基本形式流传到西方,又展出一种新形式,称为"罗马式"。这种样式比前者更为新颖而健全,流传的地方也比前者更广。基督教教堂的建筑形式到这时候才确立。九世纪开头,即纪元八百年,查理大帝在罗马的圣彼得大教堂中(St. Peter's Dome,原文译为圣彼得大寺)举行戴冠式,为基督教文化史上的第二大转机。基督教文化中的有力的代表者的教堂建筑,在这时候开始脱离了古典的残骸而创造新的北欧的样式。

圣索菲亚教堂
外观

其天井高一百八十六英尺，全体涂纯金，内有金银七彩的马赛克，东方艺术的风趣极为浓重。

圣索菲亚大教堂内部

该作品为马赛克镶嵌画《女皇佐伊》,画中中央位置是耶稣基督,分列两侧的是身穿礼服的君士坦丁九世和佐伊女皇。

四、罗马式

最初这Romanesque式发展于意大利，次流传于德国和法国，到了十二世纪而盛行于全欧。这是罗马主义向北方的进展。这种建筑形式，庄重而典丽。外形上的显著的特色，是拱门形式的改变。向来的教堂用纯罗马式的半圆形arch，自十字军东征，沟通东西文化后，东洋风的三叶形、马蹄形的arch渐被巧妙地应用在教堂建筑上，就成为罗马式（后来的哥特式所盛用的尖头arch，便是从这里出发的）。有名的比萨大教堂（Pisa Cathedral，原文译为比撒本寺）、洗礼堂及斜塔（Campanile）便是属于这样式的建筑。翻过美术史的人，大概不会忘记了这奇怪的斜塔。这塔所属的大教堂建于十一世纪末，以basilica式为基本，加以拜占庭风的构造和东洋风的装饰。十二世纪中，又在其旁建洗礼堂和斜塔。洗礼堂取圆形的基地，全部用大理石建造，形式简明而新颖。斜塔为七层的圆筒形塔，顶上又有小圆塔，其倾斜幅有十三英尺之大，望去好像要倒下来似的。这倾斜的原因，一说是故意如此的，又一说是工事中地盘沉落而使然的，不可确知其究竟。教堂、堂和塔，形式都庄重而有艺术的统一，为罗马式的佳作。这种教堂形式所异于前时代的建筑者，有三要点。第一，基督教勃兴，教会制度复杂，参加祭礼的僧侣人数大增。在教堂建筑上就有扩大僧侣住处的必要，故教堂的基地向来为丁字形，到了罗马式扩充而变为十字形。第二，因为地盘广大了，构造自然也变化。向来教堂的上面盖以简素的天花板，现在改用拱门式，

比萨大教堂、洗礼堂及斜塔

其形式都庄重而有艺术的统一,为罗马式的佳作。

相交叉的半圆形的梁的末端，安置在强固的支柱上，稳固而又活跃，富有"崇高"的趣味。崇高是与宗教精神相合，为教堂建筑的最适当的形式。教堂建筑经过了这改革而始有艺术的统一。第三，是在建筑的外形也施以美的统一。向来的 basilica，因为专重实用，只讲究内部的布置，而忽略其外观。罗马式则在外观上求艺术的统一，其法就是添造高塔，塔是罗马式的最显著的特色。凡教堂，必于本教堂之旁添筑高塔，作为本教堂的一部分。其作用是用这高耸的形状来笼罩全体，使全部建筑集中于一点。向来的教堂远望平坦，与普通房屋无甚大异，缺乏宗教的感觉；有了这塔，远望全景，优秀玲珑，外观上就不觉其为实用的建筑，而呈纪念建筑的模样。塔的个数不止于一，有的用三塔，有的用五塔，有的用七塔。

上述之点，为罗马式建筑的特色。其中拱门与塔二者，尤为其艺术的统一的要素。拱门是向上隆起的，使内部增加崇高之感；塔是指天的，使外部增加崇高之感。教堂的内容与形式，到这时候开始作有机的统一。教堂从实用本位的 basilica 出发，到了 Romanesque 而艺术化。再进一步，艺术比实用更注重时，就产生哥特式。这是基督教权全盛期的产物，可说是教堂的艺术的登峰造极。

五、哥特式

十三世纪中,教王权势强盛,文化中心由罗马移向北欧,就在那里产生一种象征全盛的教权的教堂建筑样式,即哥特式。

哥特(Goth)是蹂躏罗马的一种野蛮民族的名称,其艺术富有一种夷狄的风趣。哥特式教堂建筑就是利用这种夷狄的风趣,为宗教艺术别开生面的。其特色如何?一言以蔽之,曰"高"。然而这高与现代商业大都市的高层建筑的高不同,前者向天,后者着地。即教堂建筑高而尖,有向上超升之感;商业建筑高而平,有着地堆积之感。故百几十层的摩天大楼在实际上虽然比哥特式的教堂高得多,但在感觉上层层堆积,沉重地叠置在基地上,似觉基地不胜其重而行将陷落似的,却并无崇高的感觉。反之,哥特式的教堂实际上虽不及现今的摩天大楼之高,然形似一簇怒放的春花,好像拼命地想从地上抽出来,而向天空生长;又好像一团火焰,势将上冲霄汉似的。试看德国的科隆大教堂!这是哥特式建筑的最大作,也是教堂的艺术的代表作。所谓"锦绣的森林",在这里就可以看见。

这种建筑形式,于十二世纪时萌芽于法兰西,十三至十五世纪之间风行于全欧。不但教堂建筑上用之,一般的建物,如城郭、裁判所、会堂、学校、病院、邸宅,也都受这种样式的影响。这样式的特色是崇高而秀丽,形成这种特色的要素,是柱和

科隆大教堂全景图

科隆大教堂是哥特式建筑的最大作,也是教堂的艺术的代表作,所谓「锦绣的森林」。

其形似一簇怒放的春花,好像拼命地想从地上抽发出来,而向天空生长;又好像一团火焰,势将上冲霄汉似的。

科隆大教堂正门仰视图

尖头拱门二事。为求增加垂直的效果，不用一根一根的粗柱，改用一束一束的细柱。又在屋顶上加尖高塔，使柱束上的许多垂直线因尖高塔的引伸而向天延长，至于无穷尽之境。柱束与柱束之间，不用壁而用尖头拱门形的窗：壁有板滞之感，足以减却上向之势；尖头窗则可增加秀丽与崇高之感。教堂的内部，无数的尖头拱门交互错综于上，仰望时似觉身在大森林中，全无屋顶压迫之感。总之，哥特式建筑全部没有墙壁，只有细柱、尖窗和尖塔。几乎没有水平线，全体由垂直线构成。

从罗马式中抽出"高"的一种特色而扩张之，即成哥特式。教堂建筑由朴素的地上礼拜堂进步而为华丽的拜占庭式，更进步而为端庄的罗马式，又进步而为锦绣的森林的哥特式，宗教建筑的发展就达于极点。这种极度发展的教堂建筑，其结构的复杂，规模的壮大，可说是建筑史上的一大伟观！这种式样的杰作，多在北欧。法国的兰斯大教堂（Reims Cathedral，原文译为郎史寺）、巴黎圣母院，英国的威斯敏斯特大教堂（Westminster Abbey，原文译为惠斯民寺），皆是其例。而德国的科隆大教堂尤为哥特式中的模范。这教堂奠基于一千二百四十八年，直至一千八百八十年而始完成，工事期间历六世纪之久，其工作之困难盖可想见。当时各国有专门研究这种极度向上的建筑法的集团，名曰Bauhütten（石工研究会），精研"高"的建筑技术，试行种种危险的构成。他们要表现宗教的神秘相，要把宗教的精神翻译为视觉的形态，要把抽象的观念用形体来表现，于是否定了石材的力学的性质，

教堂建筑由朴素的地上礼拜堂进步而为华丽的拜占庭式,更进步而为端庄的罗马式,又进步而为锦绣的森林的哥特式,宗教建筑的发展就达于极点。

兰斯大教堂

极度地使用结构的技法。科隆大教堂是冒险尝试而成功的一例。在意大利北部地方，有因过于冒险，遭逢失败，而中途停工的教堂建筑，唯米兰大教堂（原文为米兰大寺）为哥特式中冒险成功的第二例。原来意大利是个性很强的国家，当哥特式盛行全欧时，意大利南部坚守向来的传统，拒绝北欧的建筑潮流，只有北部有哥特式流入，而米兰大教堂为一种奇迹的成功。细看这教堂建筑的形式，可知其与前揭的科隆大教堂大同小异。这是北欧的大势与意大利的传统合并的式样，是南北两派的混血儿，可为建筑史上的一件特殊的纪念物。故其建筑工事曾经长年的讨论和争执，方才确定这般的形式。北欧的哥特式建筑一味求高，缺乏稳重安定之感；意大利的哥特式能在稳妥的基础上求高，较可避免这个缺陷。这教堂全部用白色大理石为材料，在薄暮或晚间，能给人以神秘的、空想的印象。据传说，这教堂是意大利人为欲与北方的阿尔卑斯山争高而建造的。

入了十六世纪，哥特式建筑为了冒险地求高，终于陷入自灭的运命。同时基督教势力也为了极度地扩张，达到了衰沉的时期。世间一切文化相关联，政治、宗教、艺术，互相牵制而展进着，不可分离。哥特式为了无视建筑构成的约束而一味贪高，以至于自灭；中世的封建制和教会权和它同时没落，大概也是为了无视社会构成的约束而一味地贪高的缘故吧？

六、复兴式

十六世纪初,意大利商业都市勃兴,教会与封建制度所培育的中世文化骤衰,此后的近世文化以意大利为中心而展开。教堂建筑又换了一种新的样式而出现,这样式称为"复兴式"。这正是"文艺复兴(Renaissance)"的时代。

前已说过,意大利在艺术上是一个个性强顽的国家。当哥特式艺术潮流澎湃于北欧时,意大利除了北部几处地方外,不受这潮流的影响。北欧竞建那锦绣似的森林,意大利人管自营造以古代basilica为基础的教堂,到了哥特式没落的时候,他们就从古典中探求美的要素,而独创新的样式。这种新样式的主要的特色,是脱却了从来的宗教的夸张的习气,而求纯美的造型的表现。换言之,教堂建筑从古代神庙出发,经过了中世的教会化,现在复归于神庙。在地点上也是如此,教堂建筑由意大利萌芽发展于全欧,现在仍归于意大利。故意大利可说是教堂的本宅,艺术的故乡。

复兴式教堂的特点有三:第一,不求高而求美;第二,不求华丽而求调和;第三,注重作家的个性。故向来建筑工事委托于多数人,现在则委托于一个人,由这个人充分发挥他的个性,创造特独的形式。这三点,是文艺复兴时代一切艺术共通的特色。

为了获得第一、第二两特点,复兴式建筑盛用大穹窿。穹窿原是古代罗马建筑上所盛用的形式。建物上部加了一个半圆形的穹窿，好似一个人张着一把伞，人的地位愈加稳定，全景的中心点愈加显明，而曲线直线的对照愈加优美。塔也有使全景中心点显明的作用；然而塔势指天，有把建物从地中抽拔出来上升于天的意趣，使建物本身缺乏稳重安定之感，哥特式的缺陷主在于此。穹窿则不然，其本身作天空形状，覆盖建筑物，使全体自成一天地。故复兴式建筑的最重大的研究，是穹窿的曲线。现在揭示世界最大的教堂穹窿，罗马圣彼得大教堂的大穹窿。其作者不止一人，完成者是当时大建筑家布拉曼特（Bramante，约1444—1514，意大利建筑师，原文译为勃拉芒谛）与米开朗基罗（Michelangelo，1475—1564，原文译为米侃朗琪洛）等。

圣彼得大教堂，是世界无二的大伽蓝，欧洲人称之为"罗马的宝冠"。这教堂并非全部在文艺复兴期造成，其由来甚久，差不多与基督教的确立同时诞生，屡经修整及改造，到了布拉曼特等的手中而大成。现在把它的来由和情状略加叙述，以结束我的讲话。

据传说，这教堂是君士坦丁大帝治世所建立的。开工的时候，大帝曾经亲自拿锄头在基地上掘起最初的一块土。这基地，原是古代罗马的竞技场。当基督教布教时代，教徒就在这里被罗马人虐杀，那班殉难者或被猛兽裂食，或被全身涂油焚烧，备极惨酷，圣彼得就在这地基上受磔刑。因此基督教徒保护令下之

圣彼得大教堂,是世界无二的大伽蓝,欧洲人称之为「罗马的宝冠」。

圣彼得大教堂

后，这里就成了圣地。圣彼得的墓就筑在这圣地上。圣彼得大教堂就建在他的墓上。大穹窿的下面，正是受磔刑的圣徒永眠的地方。

这教堂的规模非常伟大。穹窿的外面，有一个椭圆形的壮丽的大柱廊，把圣地与俗地隔分。柱廊内的圆形地盘之大，据说可以容纳全世界的基督教信徒。椭圆形的两焦点上，设两个喷水池，水带不断地在空中描出彩虹的模样。身入其境，眼光自然集中于里面的大穹窿。向穹窿前进，入教堂门，有华丽的前廊，廊内挂着沉重地下垂的皮帐。拨开皮帐，走进里面的广堂，堂用杂色大理石构成，饰以金色。穹窿下面有华丽的天盖，天盖下面就是圣彼得之墓。这天盖是名建筑家贝尼尼（Bernini，1598—1680，意大利建筑师，原文译为裴尔尼尼）所造，全都用青铜为材料，高百英尺。其形式仿耶路撒冷的神庙，四根铜柱作螺旋形，备极豪华。天盖下的圣彼得的墓上，点着数百盏幽暗的油灯，永年不灭。天盖的里面，有圣彼得的雕像和玉座，金色灿烂，神圣无比。堂的四周充满着历代名家的雕刻。堂内参拜者络绎不绝，时有妇女把娇小的婴孩抱向圣彼得铜像的下面，教他和圣像的足趾亲吻；又有伛偻的老妇俯着首站立在圣像下面，用各种国语陈述她们的虔敬的祈祷。宗教的神秘的气象充满在这大广堂中。

原来这大教堂不是一地方的教堂，乃是一个国际的大教会堂，全基督教徒的大本营。这在它的内部的构造上可以窥见。这

贰 | 建筑的艺术

广堂除中央一大祭坛外，左右还有二十八个祭坛，以及无数的忏悔场。故任何国人均可自由选用祭坛而行仪式，用任何国语皆可致忏悔。这构造能使各国的教徒皆得自由在旅行中满足他的宗教生活。无论何国的人一入此教堂，就像走进他故乡的教堂一般可亲，不觉得生疏。故这构造一方面是极度的理想化的，另一方面又含着很多的实用的意义。

这教堂的建筑工事，有复杂的经过。最初的旧堂，自君士坦丁大帝以后一千二百年间，一向不废。教徒们尊崇圣彼得遗骸，同样地尊崇这旧堂的建筑。教皇（the pontiff，原文译为法王）曾经想把这旧堂拆毁，受大众的反对，终未敢行。到了文艺复兴初，始由建筑家布拉曼特设计重建。布氏于工事未竟时中途逝世，由他的同乡人拉斐尔（Raphael，文艺复兴三杰之一）继续经营。拉氏又在工事的中途夭逝，暂时由他的二个助手继续经营。后来七十二岁的老翁米开朗基罗出来接手，这老翁费了十八年的努力，直到九十岁的时候，方始把大穹窿的骨骼完全造成。后来又经许多作家的继续努力，到了贝尼尼而大穹窿的工事方始全部完成。自重建至此，共历二世纪之久。

世人对于这大穹窿的形式，有多方的赞美词。在合理主义思想盛行的十八世纪时，法国的数学者曾用数学的理论法来赞美这大穹窿的轮廓线的美。反之，十九世纪后半，浪漫主义时代的人欢喜非合理的解释，又赞美这大穹窿为天才的直观所产生，这轮廓线乃用自由的神技而描出。有的说"这穹窿上的曲线，凌驾一切几何学的定规"，有的说"这是感觉所生的曲线，天才所创造的形式"，有的说"这穹窿的外观，为建筑艺术在地上所能显示的最美的形态，却用最简单的轮廓线描成"，有的说"这是一切伽蓝中的伽蓝"，又有人说"这不是人手所作，乃天所赐予；一切的罪恶，在这穹窿之前无法隐藏"，这话类似我国各处城隍庙里的匾额上的"到此难瞒"。但这并不全是迷信，伟大的宗教建筑，往往能从直感上给人一种启示，使人心暂时远离颠倒梦想的苦恼，而回顾生命的本源——但在宗教被政治社会政策所利用的时代，这种启示就变成压迫。

　　十七世纪以后，基督教中心的时代渐成过去，人心显著地倾向实际的要求。各国的君王不肯再为圣者造教堂，却热心于为自己造宫室。教堂建筑至此告终，而华丽奢侈的宫廷建筑就代替了它而兴起。这是下回的讲话的题目。

宫室的艺术

自十六世纪文艺复兴以后,基督教会的权力从发达的顶点开始衰落起来。继着教权而起的是王权,故十七世纪被称为"王权中心时代"。

教权衰落的原因,一则为了宗教改革运动揭破了当时教会的缺陷,减弱了人民对于基督教的信仰力;二则为了文艺复兴运动注重复古,一切文化都倾向于古代的模仿,人民不再热衷于基督教文化了。同时欧洲各国正在力图国家根柢的巩固,盛行中央集权制,以前的教会文化就一变而为"宫室文化"。宫室文化在美术上所留的痕迹最主要的是宫室建筑。如前讲所说,教堂建筑已经高得不能再高,尖得不能再尖;此后的宫室建筑所要求的不是高和尖,而是华丽——尤其注重建筑物内部装饰的华丽。由教堂建筑变成宫室建筑,是世界文化的一大转机。若以古今二字把历史划分为二时期,则教堂以前的可称为古代的建筑,宫室以后的可称为今代的建筑。这古今建筑的差别,大体有四点,现在先把它们列举于下:

第一，古代建筑大概以鬼神为题材。除了注重肉体享乐的罗马人营造大浴场之外，埃及的坟墓、希腊的神庙、中世的教堂，皆以鬼神供养为其目的，住人不过为其附带的条件。今代建筑的题材，就从鬼神一变而为活人。宫室以贵人的住居为目的而建筑，商店洋楼以富人的事业和住居而建筑。自从宫室文化时代的十七世纪以降，世间不复有媚鬼神的大营造，所有的大建筑都是媚富贵之人的东西了。

第二，古代建筑大概为群众公用而建造。希腊的神庙为全市的守护机关，为全市民的瞻观场所；中世的教堂为教徒的集会所，为万人的灵魂的归宿处；埃及的金字塔虽曰王者私人的坟墓，其实是为民众观瞻而造，仿佛中世的教堂，是用建筑的高大来收揽民心的。自宫室文化时代以后，大建筑不复为群众公用而建造，都为私人或私人团体而建造了。宫室为王者，为贵族；商店洋房为资本家，为阔人。这种建筑的富丽堂皇，虽然也给群众看，但只是作广告，装场面而已。

第三，古代建筑大概不以人生的现世幸福为目的而建造。除罗马浴场以外，埃及的坟墓为王者的"死后生活"而建筑，希腊的殿堂为神的供养而建筑，中世的教堂为圣灵的供养及教徒的来世幸福而建筑。自从宫室文化时代以后，建筑都以人生为题材，都为人生现世的幸福而建造。这原是人类生活进步的现象，可惜过去的为人生的大建筑，都为一极小部分的人生，而不为群众的人生。宫室为少数贵族的现世幸福而造，商店洋楼为少数资本家的现世幸福而造。大多数的群众不得享受其幸福，反而受得服役等种种苦痛。可知这种为人生现世幸福的建筑，尚未充分进步。将来如能更进一步，而有为大众的大建筑出现，方为人类生活的福音。但这是题外的话了。

第四，因了上述的三种情形，古代建筑大概注重建物外部形式的美观。金字塔注重外形的高大，帕特农注重全体的调和，科隆大教堂注重眺望的巍峨。内部形式虽然也讲究，但远不及外部形式的注重，这种建筑可说都是专重外形的。宫室建筑开始反对这一点，不以眺望者为主，而以住者为中心，非常注重室内装饰，甚至完全不顾外部形式的美观，或故意作朴陋的外观，使人入内方见意想不到的华丽。最近的商店建筑也注重外形，但同时决不肯忽略内形。故宫室文化以来的建筑，可说都是注重内形的。

上述四点，是古今建筑的差别。恐怕不但建筑上如此，世间一切文化，都具有这种变态，不过显隐迟早不同耳。现在且把宫室建筑的状况叙述于下。

自古以来，时代思想常留痕迹在美术上。政教一致的上古时代，确信灵魂不死，遂有伟大的金字塔的制作；都市国家制的希腊时代，市民免除国难，感谢守护神的恩德，遂有精美的神庙的制作；教权中心的中世时代，教徒确信天国的存在，祈求来世的幸福，遂有巍峨的教堂的制作。到了这种美丽的梦被时代潮流所惊醒了之后，人心就集注于现世的事实上。为人群的首领的王者，开始驱使其威力，以装饰其私人的生活，宫廷艺术因此而兴。

十七世纪宫廷艺术最盛行的国有二，即西班牙与法兰西，西班牙皇腓力四世（Philippe IV le Bel，1268—1314，原文译为斐利普四世）网罗全国的大美术家，使之专研宫廷装饰的美术，画家所描写的全是贵族的生活，建筑家所研究的全是宫室的建筑法，音乐家也都做了贵人邸宅中的乐人。现今留传于世的西班牙名画中，我们还可看见有不少贵妇人描写的作品。比西班牙更大规模地提倡宫廷艺术的，是法兰西。法兰西的宫廷艺术，不是在十七世纪才开始，文艺复兴期早已提倡。当时法兰西斯一世（原文为弗郎沙一世）优待晚年的达·芬奇（原文为达文西），要他为宫廷计划装饰，肇开法兰西宫廷艺术的始端。到了十七世纪，法兰西名帝路易十四世出现，宫廷艺术就具有最典型的姿态。他创立美术学院（academy），养成宫廷艺术的专门人才。他所完成的有二大建筑，即卢浮宫与凡尔赛宫，后者尤为宫室建筑的代表作。这种建筑的样式，特称为"路易十四式"。在一般美术样式上，就是所谓"巴洛克式（baroque，原文译为罢洛克式）"，由此更展进一步，即成为十八世纪的"洛可可式（rococo）"。

建筑曾由巍峨的"哥特式"一变而为简洁的"复兴式",现在又从简洁的复兴式一变而为华丽的"巴洛克式"与纤巧的"洛可可式"。"巴洛克"与"洛可可"是美术上特用的两个术语。其在建筑上的特色是繁琐、浓丽、多曲线、多细致的雕刻。华丽的装饰常隐蔽建筑的构成,使建物全体显示绘画的效果。此建筑样式的流行,以意大利与法兰西两为中心地,而在法兰西尤为盛行。意大利巴洛克式的代表作家,就是罗马圣彼得教堂前面的柱廊的作者贝尼尼。他用巧妙的方法,使柱廊因透视的作用而把广场显得更广,把教堂显得更高。在大穹窿的笼罩之下,教堂全体显示非常壮丽而调和的姿态。这教堂由各时代的大家合力作成,在柱廊这部分上,可说是巴洛克式的先驱。此风入法国而盛行,最初亦仅用于宗教建筑上,路易十四世始移用之于宫室上。全以曲线为本位,而特别注重室内装饰,滥用无数复杂的模样,巴黎现有三大著名建筑,即巴黎圣母院,及上述的卢浮宫与凡尔赛宫。前者是属于哥特式的,后二者就是路易十四世所完成的巴洛克式的代表作。卢浮宫分西南二部,开工于十六世纪,由路易十四世请意大利大建筑家贝尼尼完成之。凡尔赛地在巴黎西南郊外十四五英里之处,原是旧宫,由路易十四世费十亿金及四十四年的日月,大加增修,遂成今日的华丽的宫殿。其中央砖石造的正殿,原为路易十三世的居邸,今为国立博物馆的一部分——历史工艺博物馆。其外有路易十四世的铜像,宫内遍是名画家所作的壁画——历史画及王家人物的肖像画。楼上大广间

凡尔赛宫为宫室建筑的代表作。这种建筑的样式,特称为『路易十四式』。

凡尔赛宫全景

凡尔赛宫内景

凡尔赛宫内遍是名画家所作的壁画——历史画及王家人物的肖像画。楼上大广间中,四壁及天花板上的绘画尤为绚焕灿烂。

中，四壁及天花板上的绘画尤为绚焕灿烂。其中有一室，曾为欧洲大战讲和时的谈判所。又有一室为路易十四世的寝室，中有临终的寝床，一切器具悉如其生前所布置。昔日的帝居，今已为游人凭吊的古迹了。

路易十四世殁（一七一五年），路易十五世继立。年幼，由菲利普（原文为斐利普）摄政。宫室生活的奢侈更甚于先代，其影响遍及于民间，造成了一代浮靡的风习。这时候的建筑比前更为浮华，特称为"摄政式（style Régence）"，即为后来洛可可式的准备。摄政式的建筑，其构成的要素（例如柱等）全为表面的装饰所掩蔽，只见有优雅华美的曲线，而全无强力的感觉。洛可可式比这更进一步，完全不顾建筑物外部的美观，而专重室内的华丽。有时故意装成无趣味的外观，而在内部施以惊人的装饰。这种样式与注重外形美观的古代的神庙教堂比较起来，成了完全相反的对比。

但洛可可式只是昙花一现，路易十五世死，洛可可式即与之偕亡。路易十六世即位（时在十八世纪后半），大改先代奢侈之风，崇尚朴实。"路易十六世式"的建筑，全不用动摇的曲线，但求稳定。不取绘画的表现，但求合于规则的形式，甚至把石造建筑的外部装饰照样应用于室内。这是法兰西大革命后的古典主义艺术的先驱，原是合于时代潮流的艺术形式，但上两代的骄奢之罪归并在路易十六世一人身上，使他终于失却民望，得到悲惨的最后。路易十六世上断头台后,欧洲文化大改面目,美术史亦转入全新的时代——近世古典主义时代。

然近世古典主义的潮流偏重在绘画方面,故十九世纪的建筑只是巴洛克、洛可可的连续,无甚特异的表现。换言之,十九世纪的建筑只是路易王家的贵族主义加了拿破仑的英雄主义,成为王侯贵族享乐的一种游艺,全无新时代的精神,这在建筑上称为"拟古典派",像巴黎的两座凯旋门——巴黎凯旋门与 Etoile(星形广场凯旋门)——即是其例。此后的建筑称为"浪漫派",像伦敦国会议事堂、巴黎大歌剧场、比利时布鲁塞尔司法宫(原文为 Brussel 大法衙),皆是其例。然这等建筑皆徒有形式而缺乏力感,只能说是新时代建筑的准备。真的新时代的建筑,发祥于德国,有名的 Eiffel(埃菲尔)铁塔是其著例,此铁塔高一千余英尺。现代商业大都市的各种惊人的铁造建筑及高层建筑,皆以这铁塔为先导而出现。

近世建筑始于王权中心时代,到现今已转入商业中心时代。其共通的性状即前述的四点:(一)为人生的,(二)为私人的,(三)为现世幸福的,(四)注重内部形式的。从王权时代到商业时代,虽然建筑的技术和形式屡经变迁与进步,但内容性状还是同一:从前的宫室可说是王家的总店,现在的摩天楼可说是资本家的宫殿。现代艺术都正在努力向民众开放,独有建筑始终为少数人所独占。这一点使我这一回讲话减却了不少的兴趣,倒不如以前谈希腊的神庙,谈中世的教堂,虽然所谈的是古昔迷信时代的建筑,但其建筑非为私人享乐,皆为民众瞻观。即使动机何等不纯正,谈时似乎较观在有兴味得多。

店 的 艺 术

我国前时代人憧憬"京洛"之游,连"衣袂京尘"都可惺惺怜惜;现代人却都想"到上海去"经商、发财,即有想到南京去的,其目的也仍是发财。黄金之力与商业之道大矣哉!

这种状态正是暗合世界潮流的。只要就建筑上看,即可明知这变迁。前代的建筑主题是宫室,现代的建筑主题已变成商店。原来建筑一事,自来在美术史上占有最基础的立场。在无论何时代,建筑常为一切美术的向导。人类思想、时代精神,常在建筑中作具体的表现。

现代商业是怎样兴起来的?远因在于百余年前:十八世纪末叶,拿破仑捣乱欧洲,弄得各国民穷财尽,人心不安。同时科学昌明,机械发达,工业勃兴,交通便利,生存竞争日渐激烈起来,于是欧洲的人就非努力赚钱不能生活。赚钱之道,莫妙于经商,商业都市由此日渐发达起来,直到今日,发达得"不堪回首",有人说已到了繁荣的极顶了。

现今世界商业的中心地,要算财力最雄富的北美。纽约本是世界第二大都,现今已变成了世界一等的商场。商业建筑,在这地方呈最大的伟观。其次要算德国,这个国家自从在欧洲大战中一蹶之后,奋起直追,一切建设都改弦更张,显示飞跃的进步。现代商业建筑上的新建设,大都发端于德国。在大战前德国就有许多建筑家创造新式的建筑,为现代都市建筑的起因。初有Franz Schwechten(弗朗兹·施威登)者,在柏林造"铁车站",又造铁骨的百货商店,是为现代建筑上的"铁的革命"的先声。其后,又有Alfred Messel(阿尔弗雷德·梅塞尔)者,演进前人的建筑技术,又作铁骨的高层建筑。还有一位叫Alexandre Gustave Eiffel(亚历山大·古斯塔夫·埃菲尔)的,在一千八百八十九年巴黎的世界大博览会中建造一个极高的铁塔,名曰埃菲尔铁塔,当时是全世界知名的最高的铁造建筑,其高度为一千余英尺。这是世间高层建筑及大铁桥的起源。

这班德国大建筑家的企图,加了现代资本主义的势力,便演成现代商业大都市的建筑的伟观。

现代商业都市的建筑,大约可分为二类:第一类是资本主义者方面的,第二类是劳动者方面的。前者是广告性质的摩天楼及各种尖端的建筑,后者是合理主义的建筑,如最近德国及苏俄所努力企图的所谓Siedlung(译音为"奇特伦格",意为新村、住宅区,是集合住宅的一种新样式,犹似上海的弄堂房子,但是进步甚远），及各种实用本位的新建筑。

现在把两种分述于下：

一、广告性质的建筑

广告性质的商店建筑，共形式不外两种：一种是异常的"高"，一种是特别的"奇"。对于上述第二类合理主义的建筑，这可说是"不合理主义"的建筑。因为资本家不管工本贵贱，不管合不合实用，不管对于都市人的生活上有否害处，一味求其形式奇特而触目，以为商品的宣传手段。现在先就"高"的建筑说。

摩天楼（sky scraper）在纽约最盛行。远望纽约市，好像一座树木都被斩了首的大森林。前回我讲中世纪的教堂建筑，曾经用森林来比方那种尖而高而华丽的哥特式教堂。现在纽约的摩天楼，其高比教堂更甚，然而都是光光的，好像森林的树木都被剥了皮，去了枝叶；又好像是竹林中的怒放的春笋，然而笋尖头也都被斩脱了。

第一图[1]中占主要地位的是纽约的帝国大厦（Empire State

1　见 P99 纽约帝国大厦图。

纽约的摩天大厦

摩天楼在纽约最盛行。远望纽约市，好像一座座树木都被斩了首的大森林。

Building）。这是有名的高层建筑，试看它的窗子之多，全体好像一扇旧式的格子窗。影片《金刚》就是以这高层建筑为背景而演映的。这种摩天楼大都是商业的事务所。我们骤见时，谁都感到惊骇，摩天楼所求的效果，就限于这点惊骇。在这惊骇中，一面可以夸耀他们商业资本的雄厚，一面可以宣传他们的商品，以推广其营业。但是讲到建筑本身，这样的高于实用上非但无益，而且有害。

关于摩天楼高度的问题，在现今的建筑家之间有很多的争论。有一小部分的人，赞美摩天楼越高越好。他们以为这是北美文化的必然的结果，是北美人的天赋的性格的产物，但大部分的建筑家都反对高层建筑。就效果、地价、收入、租税、市民生活、活动、出入、时间消费、公众卫生及安全等问题上着想，太高的摩天楼都是无益而有害的。建筑界中反对摩天楼的呼声已起了四十年，然而资本主义者方面如同不闻，只管愈弄愈高地在那里建筑。据反对者说，高层建筑的害处很多：一者，建物太高，遮断了光线，使地上常有大块的阴影，妨害公众卫生；二者，叠屋架床，空气也不清洁，又有害于公众卫生；三者，在试建期内，技术未练，有崩坏的可能，又有妨于公众安全；四者，其唐突的形式，有害于街道的美观，使人望见纽约市，只觉惊骇而感市街形式的不美。都市生活的弊害，其根源实在于高层建筑。据各建筑家说，高层建筑以八层至十层为最适宜，过此限度，皆于都市生活有害。然而现在纽约等各大都市中，八层至十层的建物都躲在诸大摩天楼的脚下,不容易被人注意了。就是上海,二十层的"高房子"也已有了不少,八九层的不算稀奇了。因此现代都市生活的人,暗中为商业建筑受着不少的苦痛。在资本家方面,为了竞夸广告,也受着不少的损失。高层建筑的初意原为经济地皮,但层数过多,材料及设备[电梯(原文为升降机)等]的费用增大,抵不过所收入的房租。据建筑家的计算,摩天楼的经济的高度,以六十三层为限。但现在世间超过六十三层的建筑很多,前揭第一图即其一例。

据罗兰·比别斯(J.Rowland Bibbius)的计算,房屋的层数对于总投资的纯利益,其成数如下表(表中所举为普通所取的八种):

层　　数　　　对总投资的纯利益

八　　层………百分之四点二二
十　五　层………百分之六点四四
二十二层………百分之七点七三
三　十　层………百分之八点五〇
三十七层………百分之九点〇七
五　十　层………百分之九点八七
六十三层………百分之一〇点二五(最大)
七十五层………百分之一〇点〇六

可知六十三层的建物，利益最大，过此限度，层数愈多，利益愈少，因为要在六十三层上再加十二层而成为七十五层，最后的十二层，建筑时需要特别的费用。例如电梯，须用加高速度的特殊装置，须增加经费七十万金元；下部基础须特别强固，又须增加经费。且上面的几层，屋面非缩小不可，而电梯所费的地位，非增大不可，每层要为电梯占去地位九十平方英尺，在七十五层中共占地位六千七百五十平方英尺。这样，添了十二层所多的贷赁面积，实在有限，可谓得不偿失。据前人的计算，高至一百三十一层时，其利率如下：

一百三十一层…………百分之〇点〇二

可知"高"的建筑，在公众是有害的，在投资者是损失的。所得益的，就是一点广告作用。我六十层，你七十层，他再来个八十层。外人看来总是他的资本最厚，大家就信托他，向他交易，于是他的营业发达起来，于是商业都市呈了膨胀病的状态。

次就"奇"而说，为欲使人触目，增大广告的作用，建筑就取奇形怪状的样式，即所谓"尖端的"新样式。尖端的新样式，不一定是不合理的。但倘不顾生活上的实用，而专以新奇为目的，也同摩天楼一样，为不合理的建筑。现代商店中较合理的尖端的建筑，可举德国开姆尼茨（Chemnitz，原文译为刻姆尼斯）的肖肯（Schocken，原文译为晓耕）百货商店为例。

肖肯商店是新建筑家门德尔松所设计的。这是现代最新颖的建筑样式。全体好像一艘大汽船。从来建筑所共通的"直"的样式，现在一变而为"横"的样式。在日间，白墙的横条蜿蜒左右，确比摩天楼的严肃的直条可爱得多；在夜间，带状不断的玻璃窗中灯火辉煌，仿佛几道金光，煞是好看。据评家说，这商店建筑的现代性有三：第一，这是铁材建筑。铁材的特色，是柱子所占地方极少，而且不须支在建筑物外部。因此外部可用带状不断的横长的玻璃窗和白墙，而不见一根柱子，几使人疑心这建筑物是从天空中挂下来的。这肖肯商店的柱子，在于窗内离窗三米（metre，原文译为米突）之处，毫不占取壁面的地位，因此壁面可以全部开窗，使室外形式美观而室内光线充足。第二，这样式对于夜市有很大的效用。都市的生活，夜间常比昼间更加热闹，灯火是现代都市商店的一大笔开支。用了横长的窗条，透光容易，少量的灯火可以照出多量的光，增加其夜市的广告效力。第三，琐碎华丽的装饰风，已为过去时代的样式，为现代人所不喜。合于现代人感觉的，是"单纯明快"。这是一切现代艺术上所共通的现象，可说是现代的时代感觉。肖肯商店远望只见几条并行的曲线，而黑白分明，一种强烈的刺激深入现代人的感觉中，故在最近各种尖端的商店建筑中，肖肯为最进步的代表作。

一味好奇而不顾形式的难看与实用的不宜的商业建筑，在现今也很多。最普通是仿古——就是模仿古代的神庙，用粗大的柱子；或模仿中世的教堂，用庄严的屋顶。银行建筑最喜取这种壮丽的装饰。美国最初的高层建筑，五十层，取哥特式教堂的样式，其建筑家自称其设计为"商业的教堂"。又如芝加哥的《论坛报（Tribune）》报馆的建筑，取钟楼式，远望好像教堂的附属建筑。此外，在近代的建筑上唐突地加一排大石柱，或突如其来地加一个圆屋顶的，在各都市中处处皆是。据说，日本三井银行的资本只有建筑费，而建筑费中几根大石柱所费不小。他们是全靠这几根大石柱来表示金融资本的威权，而博取大众的信用的。

这种仿古的尖端式，除了作奇特的广告以外，在形式及实用上都是无益而有害的。就形式而言，古今样式并用，使人起"时代错误"之感，破坏都市的市街美；就实用上说，大石柱在建筑的坚牢上完全是不必要的，专为装饰之用（古代不曾发明铁造建筑，必需柱为建物的支体，故其用处很自然。现今不需用柱支屋，即有不自然之感）。而有了这些大石柱，室内光线遮暗，损失地位，又使事务员能率减低，显然是无益而有害的装饰。然为了商业的广告作用，现今的都市中正在竞用稀奇古怪的式样和不调和的触目的色彩。基督教的教堂形式、希腊的神庙形式，都出现在现代的商业建筑上了，唯有埃及的坟墓形式（金字塔）尚未被人应用过，也许不久将有金字塔形式的银行出现了。

美术论者谓"社会所导出的必然性，常与造型美术的必然性不相一致"，诚然！资本主义者要求建筑形式的"触目"，于是背反建筑技术的必然性，演成种种不合理的状态。

二、合理主义的建筑

上述是资本主义利用建筑作广告。换言之，是建筑受资本主义的蹂躏，故此不能代表现代新兴美术的建筑，只能算是一种畸形的发展。

真的合于时代潮流的新兴美术的建筑，在现世自有存在，即合理主义的建筑艺术。

新兴美术有三种意义：

第一说，是新兴阶级所创造或享受的美术。这是马克思主义者的说法，他们以为过去及现在的社会受资本阶级的支配，未来的社会当为普罗阶级所支配。普罗文化中的美术便是他们所谓"新兴美术"。第二说，有尖端的意图及形式的，是新兴美术。这是专讲造型美的说法。他们不管社会思想及阶级的感觉等背景，但求形式的新颖与尖端。第三说，在艺术史上有建设的意义的，为新兴美术。这是根基历史科学的静观的说法，最为中肯。能不墨守旧规，而开拓新境，方是有价值的新兴美术。

新兴美术的建筑，自然也以合于最后一说的样式为正统，这便是合理主义的建筑。这合理根据着社会要素的三方面：第一，必须自觉其阶级性。如马克思主义者所说，只有普罗阶级的美术是新兴美术,其余均是将没落的阶级的末期的艺术,但事实上并不如此简单。在将没落的阶级中,亦有新兴美术的存在,故只能求其自觉阶级性,都不能限定某阶级。第二,尽量应用现代的技术,例如机械代手工、铁材代木材便是。第三,具有"单纯明快"的现代感觉。这是一切现代美术所共通的特色。

自十八世纪至二十世纪的二百年间,世间的建筑事业日盛一日地在那里发展,然而只是增加些量,式样上大都屈从传统,全没有质的改进。经过这长期的衰颓之后,现在勃兴起来,顿呈全新的光景。所谓合理主义的建筑的主张,约有六点:

第一,新兴美术中的建筑分为二类,即纪念建筑与目的建筑。前者是形式本位的,后者是实用本位的,而实用本位的建筑居大多数。新建筑家所考虑的建筑样式,大多数是以"人生"为题材的。凡最合于实用的建筑,便是最进步的最美的建筑。

第二,过去的建筑常牺牲实用性而夸耀外观美,都是不合理的。合理主义的建筑,须并重卫生、住居的快适及形式的美观。

第三,现代建筑大多数是目的建筑,故首重平面图(房室支配),次重侧面图(房屋的外观),即以实用为第一义,以美为第二义。

第四,除必要的以外,不作无益的费用。例如柱,在过去时代是必要的，但是现代的铁材建筑上没有柱的必要，应当撤去。无用的装饰反有损于建筑的美。新兴建筑须以费用最小的材料，来作效用最大的机能。

第五，注重建筑的实用性。建筑的主要的题材应是住宅，尤其是"集合住宅"与"最小限住居"。现今德国及苏俄的建筑家，即以此为研究的主要目标。

第六，美的建筑，就是实用性浓厚的建筑。工厂建筑在前代不列入美术中，现在成了建筑美术中的一大题目。

综观上述六种主张，可知现代合理主义的建筑，其目的是要救济现代资本主义的大都市中人的住居苦。现今的商业大都市中多地狭人多，住居的不舒服是生活上莫大的一种苦痛。在我国，上海人的住居苦尤甚。在公司里赚四五十块钱一月，已是一只难得的好饭碗。他们只能出每月十元左右的房租，而十元左右的代价所得的房屋，至多只有一间"前楼"。丈余见方的一个小天地内，包括卧室、食堂、会客室、灶间和便所。赚十元左右的工人，只能日班的和夜班的合租一个"阁楼"，白天让做夜班的人去睡，晚上归做日班的人去睡。这简直不是人的生活！要改良这种都市人的住居，虽然不是建筑单方面所能解决的事，然而建筑也总是改良的一端。合理主义的建筑家所设计的基础条件，就是想解决这个难问题，使都市中的勤劳者免除住居不良之苦，而获住居的卫生与快适。可惜在我们中国，衣食住行中第一第二两事现在还解决不了，遑论其他？

努力于解决上述的难题的，现今各国都有建筑家的集团，其团体名曰"Siedlung（住宅区）"。其中主要的建筑家爱伦斯德·马伊最近受苏俄招聘，去设计社会主义的都市建筑了。他们已有种种设计图发表。然而苏俄所定的目标太高，非有高度的社会训练的国家，一时恐难实行。

总之，Siedlung是集合住居的一种新形态，性质与上海的"弄堂房子"相似，而设计比它进步甚远。明亮的窗，洁净的壁，一种健康、快适而简便的都会生活的住宅。这种住宅的合理点，就是其适于现代社会的需要和大众生活的要求。欧战中受创最深的德国人，对这种经营最为努力。

以上所说是现代合理主义建筑的一种重要题材。以下再谈它的形式美和材料。

现代建筑的形式美，约言之，有四条件：第一，建筑形态须视实用目的而定；第二，建筑形态须合于工学的构造；第三，建筑形态须巧妙地应用材料的特色；第四，建筑形态须表出现代感觉。

贰 | 建筑的艺术

现代建筑界的宠儿勒·柯布西耶（Le Corbusier，原文译为勒·可尔褒齐）有一句名言："家是住的机械。"这句话引起了世界的反应，大家从机械上探求建筑美。换言之，即从实用价值中看出的艺术的价值。凡徒事外观美而不适实用的建筑，都没有美术的价值，在现代人看来都是丑恶的。现代人的家，要求室内有轻便的卫生设备——换气、采光、暖房等；要求建筑材料宜于保住温度，宜于防湿气，宜于隔离音响，且耐久，耐震；要求窗户的启闭轻便而自由，因此木框的窗改为铁框的窗。最彻底表现这种建筑美的，便是上述的Siedlung——无产者集合住宅的新形态。集合住宅的意图，是用最小限的空间，最小限的费用，来企图最大限的活用。昔日不列入艺术范围内的平民之家，现在成了最显示美的特质的建筑题材。

建筑形态合于工学的构造，就是要求力学的机能与建筑的基本样式保有密切的关系。例如铁比石轻便，比石占据地位更少，铁骨建造可使建筑物表面免去柱的支体。尽量利用这种力学的机能，便可在建筑上显示一种特殊的美。

材料的特色，例如古代建筑用石材，表出石材特有的美。现今的建筑用铁、用玻璃，亦必尽量发挥铁和玻璃所固有的材料美。白色的半透明玻璃的夜光的效果，已在现代都市中处处显示着。现代感觉，不限于视觉，须与现代人生活全部相关联。例如最近流行一种钢管的家具桌椅，便是为了它适合现代感觉，与现代人的简便轻快的生活相调和,最适宜于作为"住的机械"的一部分的缘故。

玻璃是现代建筑上一种特别重用的材料。现在拟用这种最新的建筑材料来结束我这讲话。

建筑材料中,能使美的要求与实用的要求最密切地相关联的,莫如玻璃。为的是玻璃能通过光线,使室内明亮,同时有益卫生,因此现代建筑上爱用面积广大的窗。因此在现代建筑中,窗成了一重大的要件。因此不限于窗,又在桌、板、壁等处广用玻璃为材料,终于产出了最新颖的"玻璃建筑"。不久以前,建筑上发起"铁的革命",现在又在发起"玻璃的革命"了。

玻璃革命的首领,名叫陶特(Bruno Taut,原文译为讨忒)。最初的起事,远在一千九百十四年。那年他在德国的展览会中建一壁面全用玻璃的建筑,名曰"玻璃屋"。这可说是玻璃建筑的最初的纪念物。凡事的兴起,总是出于浪漫的精神。"玻璃屋"的出现也如此:为了当时有一位美术评家名叫席尔巴特(Scherbart,原文译为显尔巴尔忒)的,写一册小书,名曰《玻璃建筑》,捧献于大建筑家陶特。陶特对他的浪漫的计划发生共感,就设计建造这"玻璃屋",以为对席尔巴特的答礼。席尔巴特主张玻璃建筑的动机很浪漫的,但看下面这一段话即可知道:

"我们通常生活于闭居的住宅内,这是我们的文化的环境。我们的文化,在某程度内为我们所住的建筑所规定。倘欲使我们的文化向上,无论如何,非改变我们的住宅不可。现在所谓改,必须从我们所生活的空间取除其隔壁,方为可能。这不外采用玻璃建筑,使日月星辰的光不必通过窗户入室,而从一切壁面导入,这样的新环境一定能给人一种新文化……"

上面所引的一段话,异想天开,浪漫可喜。然而我觉得怀疑,特在其"在某程度内"及"一定"两语上加了重点,以便吟味。究竟住宅对于我们的文化有怎样的关系?玻璃屋能否给人一种新文化?我一面觉得怀疑,一面又觉得新奇可喜。环境对吾人心情的影响之大,我是确信的。布置精美而装饰妥当的咖啡店、旅馆,使人乐于久坐,不想离去。西湖边上善于布置的茶店,其座位的形式好像正在向着游客点头招手。反之,良好的教堂建筑、宫殿建筑,又有一种神圣不可侵犯的氛围气,能使人缓步低声,肃静回避。然而住屋的壁面统统用了玻璃,使人一天到晚住在光天化日之下,一晚到天亮睡在星月光中,于我们的精神上有怎样的影响?难于想象。

玻璃建筑由这浪漫主义的时代兴起,现时转入现实主义的时代,各处都在盛用这种新材料了,但是用的范围究竟未广,尚未看见这新环境所给人的新文化,这且待将来再说,现在且把它的盛行的经过看一看。

现代玻璃建筑

玻璃建物阳光丰富，适于卫生，又光线充足，增加工作的能力。这两点最合于现代建筑的合理主义的要求。

建筑上最初应用玻璃,远在中世时代。那时北欧的哥特式大教堂,柱子细而长,柱子的中间完全是窗,窗上嵌用色彩浓烈的"绘玻璃"。天光通过了这些色彩玻璃而射入,教堂内充满了一种神秘的光,酿成一种微妙的宗教的气象,使人入内如登天国。这用意当然与现代的玻璃建筑大异,而且用的范围也甚狭。但建筑上利用玻璃改变环境,使影响于人的精神,自此开始。也许席尔巴特的浪漫论调是从哥特式教堂受得暗示的。

其后,十八世纪宫殿建筑全盛时代,宫室内的壁上盛用玻璃。但不透天光,是当镜子用的。例如巴黎的凡尔赛宫内,有一间有名的"镜间",即其一例。镜的作用很大:把空间扩大,使住者感到宽裕;反映绅士淑女的衣冠裙钗,使室内琳琅满目;夜间反射灯火,增大室内的光明,若用在相对的壁面上又可作成无限反射,造成一种神秘的光景。佛教会内供养舍利子的房间内,常用这种无限反射,使人由此窥见"无始无终"的"法相",我觉得比用在宫室中更加适当。

更次,十九世纪后半,机械工业发达,劝业博览会勃兴,建筑上亦盛用玻璃。在铁骨的框内嵌一块大玻璃,以代壁面。当时的遗物,就是伦敦的"水晶宫"及巴黎的"机械馆"。但以上都是当作纪念建物而偶用玻璃的,正式地用玻璃为建筑材料,是最近的事。

自从一九一四年陶特造了"玻璃屋"之后，另有大建筑家格罗皮乌斯（Gropius，原文译为格洛比乌史）者，推进其设计，建一"玻璃事务所"，玻璃之用渐及于现实生活。又有个新建筑家当忒林（Tantrin）者，作一铁骨的螺旋形的国际纪念塔，塔内有三间巨室，四壁都有大玻璃。听说这人现在已退隐在乡下，当小学教师，因为他的浪漫的计划与现代俄人的合理主义不合的缘故。前述的门德尔松所作的肖肯百货商店也是盛用玻璃的一例。

玻璃所以被盛用的原因有六：一者，玻璃的壁，能使建筑的模样全新；二者，玻璃的明快，合于现代趣味；三者，现代建筑以construction（构造）为本体，故喜用透明的材料；四者，都市生活要求夜间的照明，玻璃的照明效果最大；五者，商业建筑盛用"橱窗（show window，原文译为样子窗）"，需要大玻璃；六者，玻璃适于社会思想家的主张。他们以为今日的世间，应该排除个人主义的生活，而提倡共同生活，故建筑上也应该撤去不透明隔壁而换用透明的玻璃，表示不闭关而公开——这一条很有诗意，但实际上建筑用了玻璃，社会生活能否共同公开，我也觉得怀疑，而且可笑。

写实主义的玻璃建筑的代表的大作家，有二人。其一人叫作凡德罗（Mies van der Rohe，原文译为洛海），他最近正在做一种伟大的设计：三十层的壁面全用玻璃的百货商店。但能否实现其计划，还是问题。还有一人，就是现代建筑界的宠儿勒·柯布西耶，他最近在莫斯科所作诸建物，壁面全用棋盘格子的大玻璃，全从实用的意味而使用玻璃。总之，在玻璃的浪漫时代，乃仅为了其材料的魅力而好奇地使用，入了写实时代，就从实际的要求而使用。玻璃建物阳光丰富，适于卫生，又光线充足，增加工作的能力。这两点最合于现代建筑的合理主义的要求。故凡德罗与勒·柯布西耶的主张，广受世间的赞许。据评家所说，玻璃建筑有普及于全世界的可能。我们且拭目以待之。

从坟到店，现在已经讲完。建筑决不会永远停留在店上。以后向哪里去，难于预言，但看现代建筑的趋势，也可大约测知其方针。即未来的建筑的主要题材，大约不复是为少数人的建物，而是为多数人的建物。未来的建筑的形式，大约不复为畸形的，而为合理的。到那时，现在的摩大楼就会同金字塔一样成了过去时代的遗迹。

本文所用参考书：
板垣鹰穗著《建筑的样式的构成》
仝人著《艺术界的基调与时潮》
仝人著《新艺术的获得》
仝人编《建筑式样论丛》

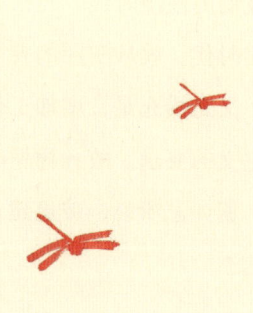

音乐的艺术

叁

音乐之用

学校的一切课业中,音乐似乎最没有用。即使说得它有用,例如安慰感情、陶冶精神、修养人格等,其用也似乎最空洞。所以有许多学校中,除音乐教师而外,大都看轻音乐,比图画尤其看轻,甚至连音乐教师也看轻音乐,敷衍塞责地教他的功课。

这是因为向来讲音乐的效果,总是讲它的空洞的方面,而不讲实用的方面,所以大家不肯起劲。这好比劝人念"南无阿弥陀佛"十遍、百遍或千遍可获现世十种功德,人皆不相信;又好比只开支票,不给现洋,人皆不欢迎。

《中学生》杂志创刊以来,好像没有谈过音乐(我没有查旧账,只凭记忆,也许记错了。但即使有,一定甚少)?现在我来谈谈。一切空洞的话都不讲,从音乐的实用谈起。

听说,日本九州有一个大机械工厂,厂里雇用着大群的女工。每天夜班做工的时候,女工们必齐声唱歌,一面唱歌,一面工作，工率会增高，出产额比别厂大得多。但夜工的时间很长，齐唱的声音又大，妨碍了工厂邻近的人们的安睡，邻人们抗议无效，便提出公诉。诉讼的结果，工厂方面输了，只得取消唱歌。取消之后，女工们的工率大为减低，工厂的生产大受影响，云云。

听说，美国有一种习字用的蓄音机唱片，其音乐的旋律与节奏，恰符合着写英字时的手的运动。小学生练习书法时，一面听蓄音机，一面写字，其工作又省力，又迅速，又成绩良好。这等方法是由种田歌、采茶歌、摇船歌、纺纱歌等加以科学的改进而来的，又可说是扛抬重物的劳动者所叫的"杭育杭育"，或建筑工人打桩时的歌声的展进。我乡（恐怕我国到处皆然）有一种人，认为打桩的歌声中有鬼神。打桩的地方，经过的人必趋避，小孩尤不宜看。据说工人们打桩时，若把路过的人的名字或形容唱入歌中，桩便容易打进，同时被唱入歌中的人必然倒霉，要生大病，变成残废，甚或死去。因为那人的灵魂随了这桩木而被千钧之力的打击，必然重伤或致命。而且，归咎于看打桩的瞎子、跛子、驼子或歪嘴，亦常有所见闻。但是，我每次经过打桩的地方，定要立定了脚倾听。他们不知在唱些什么歌曲。一人提头唱出，众人齐声附和。其旋律有时像咏叹调，有时像宣叙调；其节奏有时从容浩大，有时急速短促；其歌词则除"杭育"以外都听不清楚，不知道在念些什么。据邻家的三娘娘说，是在念过路人的姓名、服装或状貌，所以这种声音很可怕。但我并不觉得可怕，只觉得很自然，很伟大，很严肃。因为我看他们的样子，不是用气力来唱歌，而是用唱歌唤出气力来作工，所以其唱歌毫不勉强，非常自然。又看他们的工作，用人力把数丈长的大木头打进地壳里去，何等伟大而严肃！所以他们的歌声，有时像哀诉、呐喊，有时像救火、救命，有时像冲锋杀敌，阴风惨惨，杀气腾腾的。这种唱歌在工作上万万不能缺少。你们几曾见过默默地打桩的工人？假如有之，其桩一定打不进，或者其人都要吐血。音乐之用，没有比这更切实的了。那机械工厂的利用唱歌，和习字蓄音片（唱片）的制造，显然是从这里学得的。

听说，音乐又可以作治病的良药。大哲学家尼采曾经服这药而得灵验，有他自己的信为证。一千八百八十一年十一月，尼采旅居意大利，偶在一处小剧场中听到法国音乐家比才（Georges Bizet, 1838—1875）的杰作歌剧《卡门》（*Carmen*，原文译为《卡尔门》）（这歌现在已非常普遍流行于世间，电影中已制片，各乐器都有这剧的音乐，开明书店的《口琴吹奏法》里也有《卡门》的口琴曲），被它的音乐所感动，热烈地爱好它。第二次开演时，尼采正在生病，扶病往听，听了之后病便霍然若失。次日写信给他的友人说："我近来患病，昨夜听了比才的杰作，病竟痊愈了，我感谢这音乐！"（事见小泉洽著《音乐美学诸相》所载。）倘有人开一所卖"音乐"药的药房，这封大哲学家的信大可以拿去登在报章杂志上，作个广告。又据日本音乐论者田边尚雄的报告，用音乐治病的例很多：十九世纪初，法国有一位名医名叫裘伯尔的，常用音乐治病。这医生会唱种种的歌，好像备有种种的药一般。病人求治，不给药，但唱歌给他听，或用单簧管（clarinet，喇叭类乐器）吹奏极锐音的乐曲给他听。每日数回，饭前饭后或睡前，其病数日便愈。又听说，小提琴（violin，原文译为怀娥铃）治病是最好的良药。二百年前，法国每年盛行的Carnaval（嘉年华，狂欢节）中，有人以狂热舞蹈而罹病者，用小提琴演奏乐曲给他听，催他入睡，醒来病便没有了。野蛮人中用音乐治病的实例更多：美洲哥伦比亚河（原文译为可伦比亚河）岸的野蛮人，凡遇生病，不服药，但请一老巫女来旁大声唱歌，又令十五六青年手持木板打拍子舞蹈而和唱。病轻的唱一回已够，病重的唱数回便愈。又据非洲漫游者的报告，努比亚（原文译为奴皮亚）地方的人把病者施以美丽的服饰，拥置高台上，台下许多青年唱歌舞蹈，其病就会痊愈。又美洲印第安人的医生，都装扮得很美丽，且解歌舞，好像我们这里的优伶一般。这种话好像荒诞而属于迷信，但我看到我家的李家大妈的领孩子，确信它们并不荒诞，并非迷信。这种音乐治病法，是由李家大妈的唱歌展进而来。我家有一个小孩子，不时要吵，要哭，要跌跤，要肚痛。她娘也管她不了，只有李家大妈能克制她，其克制之法，就是唱歌。逢到她吵了、哭了，她抱着用手拍几下，唱歌给她听，她便不吵、不哭了。逢到她跌跤了，或肚痛了，蒙了不白之冤似的大声号哭，也只要李家大妈一到，抱着按摩一下，唱几支歌，孩子便会入睡，醒来时病苦霍然若失了。这并非偶然，唱歌的确可以催眠，音乐中不是有"眠儿歌"这一种乐曲的么？由此展进,也许可以有"醒睡歌""消食歌",以至"镇痛歌""解毒歌""消痰止渴歌""养血愈风歌"等。也许那位法国的名医会唱这种歌,秘方不传,所以世间没有人知道。

听说,音乐又可以使人延年益寿。有许多长寿的音乐大家为证:法国名歌剧家奥柏(Daniel Auber,1782—1871,原文译为奥裴尔)享年八十九岁;意大利的名歌剧家凯鲁比尼(Luigi Cherubini,1760—1842,原文译为侃尔皮尼)享年八十二岁;同国还有一位歌剧家罗西尼(Gioacchino Rossini,1792—1868,原文译为洛西尼)享年七十八岁;大名鼎鼎的乐圣法国人海顿(Joseph Haydn,1732—1809,原文译为罕顿)享年七十七岁;德国小提琴作曲家施波尔(Louis Spohr,1784—1859,原文译为史布尔)享年七十五岁;又一位大乐圣德国人亨德尔(George Frederio Handel,1685—1759,原文译为亨代尔)享年七十四岁;有名的歌剧改革者格鲁克(Christoph Willibald Gluck,1714—1787,原文译为格罗克)享年七十三岁。法国浪漫派歌剧家梅耶贝尔(Giacomo Meyerbeer,1791—1864,原文译为马伊亚裴亚)也享年七十三岁;意大利作曲家皮奇尼(Piccini,1728—1800,原文译为比起尼)享年七十二岁;意大利宗教音乐改革者帕莱斯特里那(Palestrina,1524—1594,原文译为巴雷史德利拿)享年七十岁;日本平安朝的乐人尾张滨主年一百十余岁尚能在皇帝御前作"长寿舞";我国汉文帝时盲乐人窦公,一百八十岁时元气犹壮,文帝问他长生之术,他说十三岁两目全盲,一心学琴至今,故得长生。

这样看来，音乐的效果不是空洞的，着实有实用之处，那么所谓"安慰感情、陶冶精神、修养人格"等等，不是一张空头支票，保存得好，将来可以兑现。

廿三年（一九三四）三月廿六日

音乐的起源与成长

音乐的起源,同艺术的起源一样,有种种说法。但重要者有两说:一说音乐起源于人心中本有的"律动(rhythm)",还有一说,音乐起源于人的生活所必须的"劳动"。两说各有充分的理由,然融会贯通两说的要旨,音乐的起源论亦可思过半了。

主张音乐起源于律动的代表者,可说是十九世纪的德国的音乐者彪罗(Hans von Bulow,1830—1894,原文译为襃洛)。他说《圣经》里的"太初有道"的"道",便是rhythm,即律动。律动是什么东西呢?就是中国古代所谓"一阴一阳"。周期的变化,便是律动。就近处说,吾人腕上的脉搏,一跳一跳的,时间距离均等,而且有一起一伏、一强一弱的周流不息的,便是律动。人的走步,左右两足交互前进,快慢均等,而且一脚略重,一脚略轻,交互轮流的,也是律动。在实际上,左右脚的着地,也许一样轻重,并没有强弱之差,但在人的心理上,每每欢喜在连续而均等的动作及声音中,感觉出一强一弱来,好比壁上的自鸣钟"的格,的格,的格……"继续不断地响着。"的"字与"格"

字,即便实际上一样轻重,但坐在室中静听的人一定要听出强弱来,例如"的"字重,"格"字轻。又,每个"的格"在实际上一定是一样轻重的,但坐在室中静听的人欢喜听出轻重变化来,例"的格(重),的格(轻),的格(重),的格(轻)……"随便哪个人,空闲无聊的时候,偶然伸出两个指头在桌子上敲打"答答答答……"一定第一响重,第二响轻,第三响重,第四响轻……交互地响着,因为这匀等而变化,使人感觉快适。还有最切身的一事:呼吸,是人人一刻不停的动作。一呼一吸,一定相距匀等,而且一强一弱。这在平时不易注意到,但在睡熟的时候,打眠酣的声音就很显明地表示了律动。

推而广之,天地间森罗万象,无不受律动的支配。小至草木的生长、虫豸的运动,大至昼夜的交替、春秋的代序、星辰的移行,都合乎律动的规则,故曰"太初有道""一阴一阳之谓道"。律动之道,支配了天地宇宙的森罗万象。

人体内生来具有律动。不过在草昧之世,这律动潜伏在原始人的心中,不被觉察。到了人智渐开,它就装作种种形相而出现,而横在人间一切建设、一切文艺的根柢中。其在音乐上的出现,便是"拍子"。拍子正是横在音乐的根柢中的律动的具体的表现,故音乐的最初,只有拍子而没有歌唱。猿类不能唱歌,但能合着拍子而跳舞,便是其证明。歌唱,是狩猎时代以后才发生的。

我们人类最初的祖先,不知耕田,不知畜牧,所食的只是野生的果实之类。这是靠天生活的时代,即初民时代。初民时代没有艺术,没有音乐,虽有律动横在他们的心底里,而没有机缘给他们表现。后来生存竞争次第开幕,人类为了要生存,就不得不和山野的动物相斗争,于是在人的生活上发生了"狩猎"的一件事。试想象当时的人类的生活:他们行山野中,屠杀野兽,归来剥食它们的血肉,相与欢呼吟啸。他们要威吓野兽,就努力造出异样的呼声来。他们步行时的足音、弓弦的鸣声、野兽的叫声,都在山林中发出奇妙的反响,这时候他们方始感觉对于音的快感。凡艺术的发生,必然伴着一种快感。这快感便是产生音乐艺术的初缘,只因狩猎这一件事对于他们的生活有密切的关系,所以在这些原始人的脑际,留下了难忘的印象。狩猎完毕之后,他们要畅行他们的欢庆,就自然地扬起声音来呼号,或者拿起弓来弹它的弦线。后来,这狩猎渐渐变成有组织的、团体的;这狩猎以后的欢庆也渐渐带着宗教的仪式的意义。这呼号,这弓弦声,就是音乐艺术的前身,人类最古的乐器,是弓形的木头上张着许多弦线的一个东西,名叫"竖琴(harp,原文译为哈泼)"。这竖琴显然是由狩猎用的弓变形而成的。

内面的律动与外面的劳动(狩猎)相乘,生出原始的音乐来。律动是音乐的"因",狩猎是音乐的"缘",因缘凑合而生音乐。

和音乐同时产生的一种艺术,是舞蹈。音乐与舞蹈,是"律动"的母胎中同时生出来的一对双生儿。这是自然的结果。当原始人入山狩猎，获得了丰富的禽兽而归来的时候，他们要表出心中的喜悦和满足，仅呼号或弹弓弦，不能畅快；必然手舞足蹈，一边呼号，一边动作。这动作一定和呼号声相合拍，即声音的高低、强弱、快慢和动作的起伏、进退、迟速，一定互相一致，这才足以畅快地表出心中的欢乐。换言之，音乐是无形的，舞蹈是有形的，舞蹈是把无形的音乐有形化；音乐是抽象的，舞蹈是具体的，舞蹈是把抽象的音乐具体化。把一切事物"具体化""概念化"，是人类的一大要求，一大倾向。音乐，在性质上有不能单独具体化、概念化的难点，故必须和具有具体的表现力的舞蹈艺术相结合，蒙了这具体表现的衣，然后可以向上发展。在古代，音乐与舞蹈常常保住密切的关系，决不单独进行，就是为了人类有这个要求的缘故。后来人类文明进步，人的情感十分发达，人能在抽象中想象具体，能在无形中想象有形，于是音乐方始和舞蹈分手，而独自发展。但舞蹈，因为表现的工具（身体）太简单的缘故，所以仍旧常常需要音乐的提携。故音乐可以独立演奏，而舞蹈大多伴着音乐。

人类历史上，音乐与舞蹈的出现，比起一切造型美术、言语等来，要早到好几世纪。不过后来文学与美术不断地、急速地发达，故文学在希腊时代已有许多名作（例如荷马的史诗），音乐则发生之后，迟迟不进，直到十六世纪的帕莱斯特里那，始略具艺术的形式。这情形使人初见时有不可思议之感，其实有当然之理，因为音乐是全无具体的要素的抽象的艺术，难于把握，难于认识；因为他的发达，迟早缓急，全无定规。音乐与文学的发达，好比龟兔赛跑。文学像龟，可以不断地继续爬行；音乐像兔，有时要在中途睡觉，但等到一觉睡醒，又能急起直追，赶到龟的前头。近世音乐极度发达，超乎一切艺术之上，便是其实证。

人类感情的最直接的发表，是音乐与舞蹈。文学全靠言语传达思想感情，言语是理智的符号，而且各地各时不同。所以文学的表现感情，不是直接的，是间接的。绘画全靠自然物的形状色彩传达思想感情，自然物是说明思想感情的一种手段，所以绘画的表现感情，也是间接的，不是直接的。唯有音乐与舞蹈，能毫不假借理智的说明的工具而直接地发表人的感情，故音乐与舞蹈在人类历史上发生最早，是当然的事。试看初生的婴儿，未能言语的时候，已能用啼哭和手足的姿势来表示他的喜悦和苦闷的感情。至于描画，要直到智力发达后的儿童时代，方才能够。这状态，可说是音乐、舞蹈、文学、绘画在人类历史上发生顺序的缩图。

人类先把音乐和舞蹈结合，后来又把音乐和"诗"结合，于是音乐上就生出一种含有具体的概念的意义的艺术来，这就是"歌"。希腊古昔的农业时代，春秋祝祭有"颂歌"，战争有"军歌"，送葬有"挽歌"，结婚有"庆歌"，一切仪式的诗歌，扶持

盲诗人荷马的名作史诗，便是由他自己弹着里拉而自己歌唱的。

古希腊里拉琴

了音乐而向前进步。仪式的歌以外，还有当时的文艺作品，也合了当时的乐器里拉而被歌唱。例如纪元前九世纪的盲诗人荷马的名作史诗，便是由他自己弹着里拉而自己歌唱的。当时的歌唱，自然没有像今日复杂的旋律，不过是一种朗吟风的歌（犹如近来流行的越剧）罢了。还有希腊古代的悲剧，也是与音乐相结合的。希腊古代的悲剧，与现代的歌剧（opera）或中国的京剧相似，剧中的主要人物的对话，都用韵文，合以旋律的、抒情的音乐。例如有名的索福克勒斯（Sophocles，前496—前406，原文译为索福克雷史）、欧里庇得斯（Euripides，前480—前406，原文译为尤理比第史）等，不但作剧本又自作乐曲。他们所作的剧本，在今日文学上被尊为杰作，唯乐谱失传，无从探知当时的音乐的价值，但根据历史的记载，可想象当时的音乐已比荷马时代进步得多了。

音乐得着文学演剧的扶持，在理论方面亦渐次进步。希腊古代的音阶，创始于纪元前一二〇〇年左右的特洛伊（Troy，原文译为德洛亚）战争时代。这最古的音阶如何构成，今日不得而知。唯根据历史记载，纪元前八〇〇年的荷马时代，用的是"四音列（tetrachord，原文译为四段音阶）"。当时的乐器四弦琴里拉便是根据了四段音阶而制造的。到了纪元前八世纪，文学上的抒情诗的祖先推尔邦独洛史（Telpandoros）始改四段音阶为七段音阶。纪元前六〇〇年左右，哲学者毕达哥拉斯（Pythagoras，原文译为彼泰各拉史）创造八弦里拉。音乐的基础到这时方始确立。

音乐借舞蹈、文学、演剧等姊妹艺术的扶持而成长，但从一方面看来，音乐已因此而失却独立的资格，而变成仪式的一部分，或舞蹈、文学、演剧的附属物，即音乐长期依赖了别种艺术而进步，到后来变成了一个自己不能走步的残废者。加之纪元以后，又逢到"宗教"这暴君，尽行剥夺了这活泼的纯洁的音乐的自由。故本来是我们人类思想感情自由表现的艺术，在中世纪竟变成了宗教仪式的一部分，或只当作附庸的装饰物。这是音乐的桎梏时代，数世纪间，进步全无。在古希腊时代，音乐与宗教的关系原也十分密切，例如前述的婚丧祝祭的歌，都是宗教的音乐。但那时候，音乐与宗教的结合关系不同：音乐即是宗教的全部，故音乐并不失却其独立的资格。因为当时的宗教，性状与纪元后的宗教性状不同。希腊人所谓宗教，其实就是社会；其所谓神，其实就是民心的象征化。故希腊宗教的应用音乐，并不伤害音乐的独立性，仍是人类思想感情的自由表现。至于纪元后乃至中世纪的宗教音乐，音乐完全是宗教的奴隶，不复成为一种独立的艺术了。这又与当时的政治经济有密切的关系。当时教王擅权，支配者借"宗教"为名而实行他们的侵占剥削，宗教又利用音乐为手段笼络人心。宗教作为政治的奴隶，音乐又作宗教的奴隶！在这两重压迫之下，音乐艺术当然没有发展的希望了。

音乐的被压迫，直到中世纪末而解放。当时意大利宗教音乐作家帕莱斯特里那出而为音乐解除桎梏，音乐开始恢复其艺术的独立性。后来又经德国的大音乐家巴赫（Sebastian Bach，1685—1750，原文译为罢哈）给它改善形式，扩充内容，音乐始完全独立而大著进步，故后世音乐界，赞颂巴赫为"音乐之父""音乐的救世主"。这在后面详说。

乐曲的内容

内容,就是意义。例如一幅画,其内容是描写风景或描写人物,一篇小说,内容是描写劳动或描写战斗。它们是用形象或言语来表现的,所以内容意义都能具体表出。但是音乐,是用抽象的音来表现的,不能具体地表出内容的意义,只能引起某种感情,暗示某种事象。这便是音乐的内容。

凡乐曲,由音引起某种感情,而全不含有某种客观事象的描写的,名为"绝对音乐(absolute music)"或"纯音乐"。凡乐曲,用音暗示或描写某种事象的,称为"内容音乐(content music)"。内容音乐中低级的叫作"模写音乐(descriptive music)",高级的叫作"标题音乐(programme music)"。今分别说明于下。

一、绝对音乐

绘画没有绝对绘画,文学没有绝对文学,唯音乐独有"绝对音乐"。这是艺术本质不同的缘故。音乐的本质是抽象的几个音,根本不能描写事象,故"绝对音乐"正是正格的音乐,所以又名为"纯音乐"。而下述的"内容音乐",其实是一种变格的音乐。

音乐能用全然没有意义的几个音给人一种感情。例如一群音的强弱长短的规则的进行,使人发生节奏的感情;某一定关系的组合,使人发生和声的感情;上两者结合起来,使人发生旋律的感情。这音群庞大起来,复杂起来,给人的感情也精详起来,这便成为绝对音乐。因为音乐,本质上是一种最优秀的最直接的感情表现。故虽不用客观事象描写,却能把一个人的感情直接地传达给他人,比方笑和哭。虽然只有音调而没有言语,但欢乐和悲哀的感情,能直接地、精详地传达给别人。反之,倘不用笑和哭而用言语表示其人的欢乐和悲哀的感情,一定不能表示得像哭笑这么详尽。由此比喻,可以想见绝对音乐的感情表现的效能,故绝对音乐是音乐的本身。在音乐中描写客观事象,历史地考察起来,原是后起的事。优秀的绝对音乐的内容,是人心中的高远的理想:真、善、美。

绝对音乐盛行于贝多芬(Ludwig van Beethoven,1770—1827,德国音乐家,原文译为裴德芬)以前。当时盛行的"室内乐(原文译为室乐)"所奏的音乐,便是绝对音乐,故绝对音乐的最美的模范,可在室内乐中找到。室内乐创始于十八世纪,当初原是为了统治阶级的王公贵族在邸宅中取乐而作的。封建时代的欧洲,到处都盛行室内乐。英名 chamber music,意名 musica da camera,法名 musique de chambre,德名 Kammermusik,希腊名 kauapa(此字即 arch,即有圆天井的房室),都是王公贵族的私室中娱乐的音乐。室内乐的作者和奏者,大都是宫廷音乐家,就仿佛是王公贵族的家臣。例如海顿曾为某公爵的家臣,每晚司奏晚餐音乐,这虽然是音乐及音乐家的一种耻辱,然而绝对音乐的技术,因此而精益求精了。后来,到了贝多芬手里,室内乐开始脱离了王公贵族的桎梏而独立。贝多芬是音乐家中最初的民主主义者。他给室内乐解除一切束缚,他曾埋头于室内乐的革新的研究。他的宝贵的乐想,尽量发表在室内乐中。他的四重奏(quartet,原文译为四部合奏乐),是最精妙的名作。今日研究室内乐及绝对音乐的人,以此曲为标准的对象。

二、模写音乐

企图用音乐描写事象,就发生"内容音乐"。内容音乐中最原始的最低级的,是"模写音乐",其最进步的是"标题音乐",现在先说模写音乐。

模仿自然音,在中古早有此法。十六世纪中,尼德兰(Netherland,原文译为耐硕兰,即今比利时及法兰西北部)地方的音乐者雅内坎(Clément Janequin,1485—1558,原文译为姜耐康)、贡贝尔(Nicolas Gomber,1495—1560,原文译为拱陪尔)等,曾作模仿自然音的乐曲。例如贡贝尔所作《鸟之歌》(*Bird Cantata*),是用音模仿鸟鸣声的,还有《巴黎之街》(*Cris de Paris*),是模写巴黎市街上的声音的,《战争》(*La Bataille*),是模写战争中的声音的。自此以后,这种低级趣味的音乐日渐流

行。Victor蓄音片("胜利"唱片)中有一张蓄音片,可作模仿音乐的实例。说明如下:

1.《钟表店》(*In a Clock store*,原文译为《自鸣钟店》),奥尔特(Orth,1850—1893,原文译为渥司)作。——此曲最初是学徒开门的声音,店中的自鸣钟钟摆摆动声音。后来,大小自鸣钟各鸣三下。学徒一面工作,一面吹口笛的声音,一个自鸣钟忽然停止了,破损了。开八音钟的声音。八音钟奏出一曲民谣。大小自鸣钟参差地打四下,曲终。

2.《黑林中的狩猎》(*Hunt in the Black Forest*),费尔侃尔(Voelker)作——天亮,鸟鸣,鸡啼。猎人鸣喇叭集合伙伴。教会的晨钟。猎人集合,一同出发。马疾驰。呼停止的喇叭。途中的打铁铺的工作声。休息再出发。马声,猎犬发见野兽而吠,枪声,停止喇叭,大欢庆。曲终。

自然音模仿的起源和流行,有两个原因。第一,由于声乐。古代乐器尚未发达,音乐主用人声。人声便于模仿鸟声兽声等自然音。第二,由于木管乐器。像中国的横笛、西洋的长笛(flute,原文译为富柳忒)音色清脆,适于模仿自然界音响。然而这办法,近于游戏,缺乏音乐的价值。因为音乐的任务是发表人的感情,不是冒充自然音,故模仿音乐只是一种玩意。

模仿音乐多短小的乐曲,亦有长大的篇幅。所写的自然音,最多的是鸟声、虫声。范围扩充起来，所有的声音都被模写。美洲的俗曲中，把汽车和飞机的声音也取入曲中。美洲的低级趣味的民众，都爱听这种模写音乐。中国古来有一种把戏，叫作"口技"，俗称"隔壁戏"，——个人蒙在帐里，靠一张嘴巴和一枝木棍，能做出"火灾""捉贼""王大娘补缸"等种种声音，非常逼真。模仿音乐类似于这种把戏。

三、标题音乐

不许死板地模仿自然音，而用巧妙的方法描写自然界事象，例如把自然音音乐化、象征化，而作诗的描写、剧的描写、心理的描写，便成为高等的内容音乐——"标题音乐"。

标题音乐，如字义所示，就是在乐曲中标明题目，而用巧妙的方法描写题目所示的事象的一种音乐。"标题乐派"是近代音乐的主潮。在这乐派之下，产生种种新作风，如"交响诗（symphony poem）""音诗（tone poem）""音画（tone picture）""乐剧（music drama）"等是。自十九世纪末至今，这作风风靡了全世界的乐坛。

今举一标题音乐为例，便是俄国大音乐家柴可夫斯基（Peter Ilyich Tchaikovsky，1840—1893，原文译为却伊可夫斯基）的杰作《序曲一八一二年》（Overture 1812，原文译为《一八一二年序曲》）说明一下：

一八一二年，就是拿破仑攻俄京莫斯科，遭逢大火大雪，又被剽悍的哥萨克军队袭击，这侵略军惨遭败北的那一年。这序曲就用音乐描写这事件。曲的开始，表示俄国国民对于拿破仑来袭的恐怖和苦恼，奏出俄国国教的赞美歌。其次为军队的长驱来到，可怕的战争。起初，法国国歌《马赛曲》（*La Marseillaise*，原文译为马赛优）歌声高昂，后来渐渐地消沉下去，表示法军的败北，而俄罗斯国歌渐渐地昂奋起来。于是莫斯科的寺钟响出，在响亮的俄罗斯国歌中，胜利进行曲堂皇地奏出，曲终。

再举一例，是贝多芬的《田园交响曲》（*Pastoral Symphony*），又称为《第六交响乐》，亦称为《牧羊交响乐》。在这交响乐中，我们可以发现几幅图画：

a）田园生活的愉乐。
b）小河旁的优美的风景。
c）田家的飨宴。
d）雷雨。
e）雷雨之后牧人感谢神明。

即第一乐章 Allegro 是描写田园的愉快印象的，第二乐章 Andante 是写小河畔的景色的（其中有鸟声出现），其次的 Allegro 所描写的是村人的飨宴，歌舞狂欢。雷雨大作，忽然天晴，遥闻牧歌声，及村人的感谢和欢笑。曲终。

上面两例，是标题音乐的代表作。标题音乐的发达，始于贝多芬，经过柏辽兹（Hector Louis Berlioz，1803—1869，法国音乐家，原文译为陪辽士）及李斯特（Franz Liszt，1811—1886，匈牙利音乐家，原文译为李斯德）的润饰，而集大成于瓦格纳（Richard Wagner，1813—1883，德国音乐家，原文译为华葛纳尔）。其发达经过略述如下：

贝多芬时代，器乐渐趋发达，因之音乐的音域扩大了，音色复杂了，音乐的表现力丰富了，音乐家便利用这丰富的表现力，努力表现他们的诗想，这是现代标题乐派的起因。贝多芬的不朽之作，有九大交响乐，其中三个有标题：第三的标题《英雄交响乐》、第五的标题《命运交响乐》、第六的标题《田园交响乐》即如上述。这三个交响乐，不但表出对于英雄、命运和田园的抽象观念，又具体地描出英雄的力和悲哀，命运与人的葛藤，牧童的快乐。贝多芬实在是标题音乐的祖先。

贝多芬把音乐从"绝对乐派"的象牙之塔中扶了出来之后，就有许多标题乐家接踵而起，其中两个健将，是法国的柏辽兹和匈牙利的李斯特。他们认为音乐应该描写人事。柏辽兹《哈罗尔德在意大利》（*Harolden Italie*，原文译为《在意大利的哈洛尔特》），《幻想交响乐》（*Symphonie Fantastique*），以及李斯特的十二篇交响诗（Symphonische Dichtung），都是标题音乐的标准作品。到了瓦格纳，创造"乐剧（music drama）"，就达到了音乐描写的最高点。歌剧曲能脱离了歌词，而自己独立。即音乐能全不靠他物（歌词）的帮助而用自己的喉舌来表达意见，这可说是音乐的文学化。

四、音乐鉴赏

听过音乐之后，不能不作鉴赏的评语。这评语，除了对于乐曲的形式方面的（例如速度、节奏、演奏技巧等）批评以外，自然必有对音乐的内容的鉴赏的批评。这件事，就是用言语来说明音乐。然言语与音乐，本质上是两种东西，音乐所告诉人的话，决不能完全用言语翻译。因为音乐在人类的发想形式中，最为精详，远胜于言语，故用言语来翻译音乐，只能翻出极小限度内的一部分，例如前述的《田园交响乐》，虽然可如前地说明其内容，这是田园，这是小河，这是雷雨……但只限于这几句话，其他的精详的描写，我们只能用耳朵感受，而无法译述。故标题音乐，虽说是音乐的文学化，但被化的是表面；真正的内容，超乎言语之外，是不能文学化的。故我们对于标题音乐的鉴赏，切不可过分拘泥，切不可牵强附会。由此看来，绝对音乐毕竟是音乐的本领，标题音乐是音乐的变格的发展。

人类的发表感想，有三种形式，最原始的是"姿势（gesture，即手势等），其次为"言语"，又次为"音乐"。这三种形式是依次发达的。姿势在原始时代曾占有发想形式的最高的位置，像古代的"哑剧（pantomime，原文译为默剧）"，便是全用姿势表现感想的戏剧，后来经过言语，发展为音乐。音乐的诞生其实比言语为早，但因迟滞不进，故让位于言语；直到后来，开始成立为艺术而发表感想。音乐的发达虽然比言语为迟，但其形式比言语更为精美。像斯宾塞（Herbert Spencer）所论："音乐是人类刹那间所经验的感动的最敏锐，最完全的表出的言语。"故我们在普通时候，用言语达出我们的感想；但到了思想感情特别昂奋的时候，言语就不够用，而要用叹声和叫声。这叹声和叫声，便是音乐的。用了这叹声和叫声，便可更详细地发表思想感情，听者也可更详细地理解这人的思想感情，于此可见音乐的表现力的精详，决非言语所能企及。故用语言来说明音乐，往往流于浮泛、暧昧或狂文学风（rhapsodic）；至少是不切实。

音乐批评者，往往用许多种类的言语来解释同一的音乐，但没有一语能完全地表出音乐的内容意义。又往往有用同样的言语适用于不同的音乐上的人，更为荒谬。音乐决不是模糊的，决不是可以"见仁见智"的。音乐对于一切人，都告诉他同样的意义，不过这话是不能完全用言语译述的。

所以我们鉴赏音乐，只能主用感情去承受，决不能企图全用理智而译述为言语。世间的rhapsody的音乐批评者，往往玩弄文词，作夸张的、浮泛的音乐解释，这是不正当的音乐鉴赏。门德尔松（Jakob Ludwig Felix Mendelssohn Bartholdy，1809—1847，德国音乐家，原文译为孟代尔仲）曾经有这样的一段故事：门德尔松的作曲中,《无言歌》(Song without Words)甚多。有一位诗人,鉴赏了这些无言歌之后,在每首上加用标题,或是爱情,或是宗教,或是狩猎。他把这些标题送给门德尔松,问他是否捕捉到了他作曲的本意。这诗人自作聪明,满望作曲者的赞许,岂知作曲者对他的回答如下:

"先生在我的作曲上冠用'相思''忧愁''神的赞美''愉快的狩猎'等标题,但我作曲时,并未想起这种事象。我的《无言歌》中所描写的是什么,我自己也不能明白说出。我恐怕,先生所认为'相思'的,在别人也许认为'忧愁',先生所认为'神的赞美'的,在别人也许认为'愉快的狩猎',亦未可知。其实,音乐并不是像先生所见那样含糊而暧昧的。音乐的发想,恰和先生所见相反,是十分确切,而为言语所不能表示的。所以先生这种音乐鉴赏法,我认为是不合理的。"

门德尔松自己也不能说出曲中描写的是什么事情,正因为"音乐的语言",不能用肤浅的普通语言来翻译的缘故。

据美国音乐批评家克莱比尔(Henry Edward Krehbiel)的报告:英国有一位音乐批评者,听了德国小提琴演奏家恩斯特(Heinrich Wilhelm Ernst, 1812—1865,原文译为爱伦史德)的演奏,作如下的描写:

"这是明星灿烂的良夜。月将沉,眼前现出克洛罢冈山的黑的连续,青白的天空下面有黑斑点似的群兔,它们蹲着,仿佛想听花的语言……

"这是海边。冷雾笼罩着。空虚的嗳声好似幽灵的嚷泣,在海边传走……

"这是南国的夏天,一个僻静的山谷地方。停在岩石上的淡黑色的蝴蝶,忽然变成鲜红色而飞起。雪亮的蜥蜴胆怯似的移行。又听到蟋蟀的歌声……"

像这样的描写,完全是牵强附会的夸张。无论怎样卖弄文辞的美巧,在小提琴音乐鉴赏上毫无补益。

艺术的创作与鉴赏,自然是伴着感情的。例如我们对于一座雕刻,精细地品评它的体积、线条及形状的美,在言语中自然地流露出对于这雕刻的感情的批评来。音乐批评,倘只关心于音乐的技巧方面(例如节奏、速度、拍子、音程、演奏技巧等),而不顾到音乐的感情,就变成只见音乐的躯壳而忽略其灵魂。但像上述的狂文学的批评,又是音乐鉴赏上所忌用的。用语言描写音乐,有一个适当的限度。超过这限度,便流于狂文学风。舒曼(Robert Schumann,1810—1856,德国作曲家、音乐评论家,原文译为修芒)曾经说:"音乐对于听者,给予同一的印象。"这是音乐鉴赏与批评的至理名言。对于同一音乐而你觉得是描写山,我觉得是描写水，你觉得是描写云，我觉得是描写月，都是主观过强、牵强附会的说法，美国音乐批评家约翰·勃郎（Joh Brown）论音乐批评，至为中肯，其对于贝多芬的作品第十的D调奏鸣曲（Sonata，原文译为朔拿大）的评语，摘录如下。

"贝多芬此曲，以暗中的苦闷的摸索开始。从支离灭裂的浑沌中，现出不可思议的秩序来。执拗，焦灼，且屡为黑暗的忧愁所郁闭。此后就发出好似在天空中蹑步的 largo e mesto（缓慢而忧伤）的静而悲哀的主旋律（theme，原文译为主旋）来。这主旋律伴着无限的人生的悲哀。但这是被超越欢喜的一种某物所征服的悲哀。这海洋似的广大、力强的光辉与平和、静寂，不知的忧愁，是伟大而深远的作品所特有的情调。"

用言语批评音乐，本来不可过分具象化。上例可说是音乐鉴赏的标准。

古代及中世的音乐

一、古代的音乐

西洋音乐可考据者，从四千年前的埃及开始。其他亚述（Assyria，原文译为亚西里亚）、犹太、希腊、罗马，在纪元前均有非常发达的音乐，只是古代乐谱记录法不讲究，历史的记载又多失传，故我们所能知道的，只是一个轮廓而已。

从古代遗存的雕刻、绘画及记录中，可以窥知埃及的音乐，在纪元前二千年[1]的拉美西斯二世（Ramses II，原文译为拉拇赛斯二世）时代，早已隆盛。当时的人，昼则劳作，暮则以音乐为慰乐，故音乐全然是娱乐品，或飨宴的附饰物。王朝时代，贵族人家常畜养许多童男童女，令专习音乐，以助贵人的享乐。

埃及当时的乐器，可考者有下列数种：一种竖琴类的，名曰

---

1 应为公元前一千二百余年。

"蒲尼（buni）"，是在弓形的木条上张弦线而用手指弹奏的。大者高六尺以上，立在地上，奏者亦站在地上弹奏。小者高三尺，奏者可以坐着或跪着而弹奏。这乐器所以异于后来的竖琴者，是弦线张得不紧，发音迟钝而宏大。这是古代埃及最流行的乐器。

此外又有类似中国的三弦的乐器，名为"娜弗尔（nofre）"或"耐弗尔（nefre）"，有二弦或四弦，用叉爪弹奏。又有笛类的乐器，形似现代的双簧管（oboe，原文译为喔薄），管的一端有簧管，管身开许多洞，以指按洞而吹出各音，有单管双管之别。单管的名为"赛皮（sebi）"，双管的名为"马拇（mam，即复笛，两笛的一端相结合而放入口中吹奏）"。sebi一词，即拉丁语tibia，是"脚骨"之意，想见古代管乐器用兽类的脚骨制成，但今日所遗留的，都是木制的管。此外又有喇叭和鼓，其中有名"西斯德拉拇（sistrum，今常译为叉铃）"的，甚为特别。用铜制的棒，弯成马蹄形，其中加以三四根横条，横条上装着金属的小环，将乐器振动，发音略似挡蒲铃（tambourine，今常译为铃鼓）。这乐器大都由女人司奏，用于宗教仪式上。

从埃及古代的壁画上，可以看到上述各种乐器的图式，但其奏法已不可考，只是由此想象埃及的盛况而已。

埃及之次，音乐发达于亚述。亚述是以雕刻著名的古国。当时的浮雕，到今日还有许多保存着。这地方的音乐，不及雕刻的发达，又比不上埃及，但有一个特征，是乐趣雄壮。古代亚述的乐器，可考的有下列数种，一种形似竖琴，比埃及的蒲尼短小，由奏者抱持乐器，一边跳舞，一边演奏。又有一种三角形的小琴，名曰"德利务农（trigonon）"，平放在腰际，用右手持细长棒弹奏，用左手押弦。又有形似里拉的弦乐器及鼓、钟等，都是小形的。

从这种乐器的形式上推测，亚述的音乐是雄壮活泼的。因为乐器短小，可带在身上，且走且奏，同军乐队一样。乐器的形状小巧，又可推知亚述人是欢喜高音的。在这地方的古画中，常可看见用手捫[1]住了咽喉而唱歌的小孩和女人，这大约亦是为了要发高音的缘故。

犹太的音乐，可在旧约圣书中窥见其盛况。据记载，纪元前约千年，大卫王及所罗门王盛时，犹太有三十六种乐器，琴类皆弹奏乐器。其中知名的是"耐陪尔（nebel）"及"阿索尔（asor）"，形状皆类似琵琶。又有里拉类的乐器，或作U字形，或作V字形，其名曰"基萨尔（Kissar）"。笛也有单管复管两种，与埃及同。其中最富特色的是"风笛（bagpipe）"，即附有一个风袋的笛，绘画中常常描写，形状奇特，好像背了一个包裹而吹

1　疑为"拘"，浙江方言，意为抓。

笛，又有"马格来发（magrepha）"，类似后来的风琴，即在风袋上开十个孔，每孔袋一笛管，每笛身又开十孔，故共有百种的音。

犹太是宗教的国家，音乐也是宗教的，因此犹太的声乐特别优越。独唱以外，也有合唱。当时有许多音乐研究者，名垂青史。如阿沙夫（Asaph）、大卫（David）、所罗门（Solomon）、海芒（Hereon）等，都是犹太音乐史上的伟人。唯乐谱不存，故当时的音乐的内容，后人无由知道。

希腊的音乐是受埃及影响的。希腊有名的学者毕达哥拉斯曾经到埃及去研究音乐，毕达哥拉斯的律吕[1]研究便是从埃及受得助力的。希腊的乐器，今日欧洲的博物馆中保存的甚多。当时的竖琴有十三根弦线，里拉的形式变化甚多，此外还有种种弦乐器。其中有名的是"一弦琴（monochord）"。乐器上只用一根弦线，变更弦线的长短而发高低不同的各音。当时教授声乐及研究乐律，都应用这一弦琴。笛类亦很多，作种种弯曲的形状，亦有横笛。笛的总称为"阿乌罗史（aulos）"。其单管者称为"莫拿乌罗史（monaulos）"，双管者称为"提阿乌罗史（diaulos）"。此

1　中国古代用竹管制成的校正乐律的器具，以管的长短（各管的管径相等）来确定音的不同高度。从低音管算起，成奇数的六个管叫作"律"，成偶数的六个管叫作"吕"。后来用"律吕"作为音律的统称。

外还有行军用的喇叭，名曰"沙尔宾克史（salpinx）"，又有曲管喇叭，名曰"侃拉史（keras）"。鼓类有"丁帕农（tympanon）"，是平而小的鼓，亦有铙钹，名曰"基母排拉（kymbala）"。打乐器（打击乐器）亦有种种。

希腊人非常注重音乐。全国男女老幼，以音乐为每日的必修课。不懂音乐，被认为一种耻辱，故全国音乐教育十分发达。音乐技术与理论，都很进步，远在前述诸国之上。毕达哥拉斯的乐律研究，永为世间音乐理论的模范。

罗马的音乐，乃从意大利的南方传来。罗马有特殊的乐器，名曰"可尔纽（cornu）"，是弯成圆形的喇叭，奏时负在肩膀上，大致像今日的法兰西杭（French horn，今常译为圆号），不过构造简单，还有一种特殊的乐器，是利用水力的风琴。这乐器盛行于全国。罗马是好战的民族，不像希腊人的爱好文艺。故其音乐的情调与希腊全异，富有雄壮的气象，纪元后耶稣教入罗马，罗马音乐急速进步，终于成为现今欧洲音乐的基础。

二、中世的音乐

中世纪是宗教极盛的时代，故音乐亦大部分为宗教音乐。当时也有俗乐，但被人所轻视，难得发展。唯宗教音乐则独步于乐坛。今先说中世的宗教音乐。

中世纪盛行于欧洲的宗教，是起于犹太经过希腊、罗马而普及全欧的旧教。故宗教音乐亦发源于犹太。如圣书中所记，最后的晚餐时，基督与十二门徒唱古犹太的赞美歌。这等赞美歌便是中世宗教音乐的初期制作。纪元后，尼德兰地方发明对位法，是为宗教音乐全盛期。文艺复兴期宗教音乐再兴于意大利，是为乐风变迁期。故中世宗教音乐，可分为三期，即罗马派圣咏时代、尼德兰派对位法时代、意大利派文艺复兴时代。

1. 罗马派圣咏时代——一世纪中，罗马君士坦丁大帝定基督教为国教，宗教音乐就有统一的组织而大著进步。君士坦丁执政后六七十年，有名的音乐大家昂勃洛肖史（Ambrosius，333—398）出世。他创造"四旋法"音阶[1]，定为唱歌的规则，又制作许多"圣咏（chant）"，就称为"昂勃洛肖史圣咏"。唱法颇艰深。各地设立唱歌学校，严格训练，声乐急速地进步。

此后二百年，有名的罗马教皇格里高利一世（Gregory I，原文译为格来各理一世）即位，此君对于宗教音乐致力研究，改"四旋法"为"八旋法"而作圣咏，即称为"格里高利圣咏"。此时宗教音乐大起变革，唱歌不用拍子，各音符没有一定的长短，由唱歌者自由演唱。自此以后，"格里高利圣咏"风行于全欧各

1　指四种教会调式音阶。

国,各地皆设立圣咏学校。就中最兴盛的地方,是尼德兰。故中世宗教音乐的全盛期,是尼德兰派对位法时代。

2. 尼德兰派对位法时代——对位法,是尼德兰的僧侣胡克巴尔德(Hucbald,840—932,原文译为赫克白尔特)所发明的。最初他发明一种复音唱歌法,叫作"奥尔冈那姆(organum)"。其法,一旋律与其上方或下方的五度或四度上的他旋律同时并进,或两旋律从同一主音出发,渐次分离,相隔二度、三度或四度而进行,造成谐和的复音唱歌。后来此法改进,名为"第斯康特(discantus,复调,原文译为迪史康士史)",则应用四度五度以外的协和音,唱法更为复杂。更进一步,即成为"对位法"。十五六世纪的百余年间,为对位全盛时代。今将对位法的诸大家列述如下:

最初期的对位法大家,是法王查理七世(Charles VII le Victorieux,1403—1461,原文译为却尔七世)的宫廷歌人奥侃哈姆(Okeghem,1420—1515[1]),此人享寿百龄以上[2],故作品甚多。他的作品,以卡农曲为主。其作法以同旋律一逆一顺,同时进行,特称为"clabcanon(逆行卡农)"。

---

[1] 音乐辞典多写为"1430—1495",《新格罗夫音乐与音乐家辞典》写为"约1410—1497"。
[2] 百龄以上,疑系作者误算。

次期的作家,是法王路易十二世的宫廷歌人若斯坎(Josquin des Prez,1440—1520,法国音乐家,原文译为乔司冈)。他的作曲,不拘泥于卡农曲形式,而注重内容的纯美。

第三期的音乐家人最多:其中最有名的,是若斯坎的学生维拉尔特(Willaert,约1480—1562,尼德兰音乐家,原文译为威勒尔德),此人在意大利担任威尼斯的教堂乐师长,故为近世"威尼斯乐派"的始祖。此外又有古迪默尔(Goudimel,1510—1572,法国音乐家,原文译为顾迪美尔)、罗尔(Cyprian de Rore,1516—1568,尼德兰音乐家,原文译为洛尔)等名家。这时期的音乐的特征,是俗乐的渐兴。各作家于宗教音乐"antiphony(交替合唱)"歌法的研究之外,又研究俗乐的作曲法,制作许多优良的俗乐。其中最盛行的是"牧歌(madrigal,或曰恋歌)"。

第四期的作家拉索(Lasso,1532—1594,法国音乐家),是宗教音乐的对位法的完成者。他也是教堂的乐师长,后来漫游各国,名满全欧,与后述的大家帕莱斯特里那同时代,声誉亦相匹敌。当时各国君主,称颂他为"音乐之王"。对位法至拉索而完成;北欧音乐在拉索之后也就衰颓,以后音乐中心地南迁于意大利。

3. 意大利派文艺复兴时代——此派中又分两派,即罗马与威尼斯派。

a.罗马派的首领帕莱斯特里那,此人最初是教堂的乐师长,后来办罗马音乐学校。这学校的影响极大。一世纪间,帕氏的乐风流行于全欧。他的乐风的特色,是音乐从坚苦的宗教倾向于自由的世俗乐。因为文艺复兴期希腊精神复兴,又适逢宗教改革的时会,人们渐渐厌弃沉重艰涩的教堂音乐,而渴望自由的作风,故帕氏的作品,旋律美丽而流畅,和声简单而自然,与近世音乐渐渐接近。故帕莱斯特里那既是中世音乐的伟大的革命者,又是近世音乐的远源。

b.威尼斯派是承继上述的维拉尔特及罗尔的作风的。名家有安德烈·加布里埃利(Andrea Gabrieli,1510—1586,意大利音乐家,原文译为安特烈·加布里哀里)。此人是维拉尔特的门人,乐风祖述乃师,他的侄儿乔万尼·加布里埃利(Giovanni Gabrieli,1557—1613,原文译为乔望尼·加布里哀里),长于器乐,致力于器乐伴奏的研究。近世管弦乐合奏,就是从他的研究出发的。中世教堂式音乐,到了他手里全部衰亡了。

中世宗教音乐的发达情状,大致如上。宗教音乐因了宗教改革和文艺复兴而渐渐衰落,因了加布里埃利的器乐研究而全部沦亡。世俗的艺术的音乐起而代之,就是下讲所说的近世音乐。

中世宗教音乐时代,仍有俗乐流行,不过不被重视,少人研究，其实含有极丰富的艺术意味，对近世音乐颇有关系。中世俗乐可分为四派，今逐述于下。

1. 罗马游民戎格勒歌人（Jongleur，杂耍游唱艺人，原文译为琼格来尔）——远在第三世纪时，有野蛮人哥特族（Goths，原文译为哥德族）侵入罗马，残杀人民，烧毁市街。罗马人出奔，漂流四方，在各国的帝王前唱歌以度生涯。这群漂泊的歌人，名曰"戎格勒"。其人在法国者多。最初不过是一群卖唱者，后来，到了十二三世纪之交，他们的音乐非常进步，渐为世人所重视。法国、德国上流社会的音乐团体，常聘请他们作伴奏。

2. 法国的德罗罢独尔歌人（troubadour，行吟诗人）——这是法国东南部的贵族上流人所组织的俗乐团体。他们为欲获得通俗音乐的趣味，集团研究民间的歌谣，且模仿了制作歌曲。后来这集团发达起来，有名的作家辈出，优良的作品极多。这正是十字军东征的时代。这班歌人参加十字军东征者甚多。从军的时候，把东洋音乐带回欧洲。这在欧洲音乐发达上有很大的影响。德罗罢独尔乐人有一段著名的故事：布隆德尔（Blondel，原文译为勃隆代尔）为英王理查一世（Richard I，1157—1199，原文译为李却特一世）的宫廷乐人。第三次十字军东征时，英王有大功，为各国王侯所妒，在旅军途上被人掳去，英人失王，遍觅不得。布隆德尔就漂流各地，在到处的城下唱理查王所作的歌。有一天，他在奥国城中唱这歌，听见一所邸宅内有人和唱，正是他的主人的声音，因此线索终于把主人救出。十八世纪比利时歌剧家格雷特里（Gretry，1741—1813，原文译为格来德利）所作的歌剧《狮心王查理》(*Richard Lowenherz*，原文译为《李却特狮子王》)，就是以这故事为题材的。

3. 德国的明耐歌人（minnesinger，恋诗歌手）——这是十三世纪时德国的俗乐团体。当时有"斗歌会"，借以互相鼓励技术的研究。十九世纪乐剧家瓦格纳的名作《唐豪瑟》(*Tannhauser*，原文译为《汤诺伊才尔》)，便是以斗歌会为题材的。主人公唐豪瑟正是明耐歌人中有名人物。明耐歌人所唱的歌，大都是关于恋爱的民歌。他们后来创办俗乐学校，教授关于俗乐的作曲法。下述的马伊史推尔歌人就是从这学校发生的。

4. 德国的马伊史推尔歌人（Meistersinger，名歌手）——其中最有名的人是萨克斯（Hans Sachs，1494—1576，原文译为沙克斯），其作风置重俗乐的作曲规律。瓦格纳的乐剧《纽伦堡的名歌手》(*Die Meistersinger von Nürnberg*，原文译为《马伊史推尔歌人》)，就是以这乐团的逸事为题材的。德国自从出了明耐与马伊史推尔两俗乐团以来，俗乐特别发达，连教堂乐也取用民歌风。这风气弥漫欧洲大陆,各地有叫作"市中吹笛者(town piper)"的漂流乐人团,其团长称为"吹笛王(piper king)",英国受其影响,也产生两种漂游乐人,即"minstrel(吟游诗人)"与"waits(唱更人)"。耶稣降诞节前夜(十二月二十四日)在街上步唱的乐人,就是"waits"。

近世的音乐

近世音乐，是指十八世纪及十九世纪上半的音乐。这百余年间，是西洋音乐史上最辉煌的一个时期。大音乐家及杰作，都集中在这时期。西洋乐坛的两大台柱"古典乐派"与"浪漫乐派"，就是这时期的产物。近世音乐所异于前代者，有两大特点：第一是音乐脱离了狭隘的声乐，而变成广大的器乐。第二是音乐从宗教的桎梏中解放，而变成独立自由的世俗音乐。最初把音乐从教堂中解放的人，是巴赫。故巴赫是音乐的救世主。后人称颂他为"音乐之父"。巴赫登高一呼，唤起贝多芬、莫扎特（Wolfgang Amadeus Mozart，1756—1791，奥地利音乐家，原文译为莫札尔德）、舒伯特（Franz Schubert，1797—1828，原文译为修陪尔德）、门德尔松、舒曼、肖邦（F.F.Chopin，1810—1849，波兰音乐家，原文译为晓邦）等大家，合演庄严灿烂的近世音乐史。今分为两节，古典派与浪漫派，逐述于下。

一、近世古典乐派

近世古典乐派，是音乐由复趋单的枢纽，故可分为前后两期。前期为巴赫等的"近世复音（复调）乐派"，后期为贝多芬等的"古典单音（主调）乐派"。

（一）前期

近世复音乐派有二大家，即巴赫与亨德尔。

1. 塞巴斯蒂安·巴赫（Jo-hann Sebastian Bach，1685—1750，原文译为赛佰史丁·罢哈）是德国的图林根州（Thü-ringen，原文译为邱林根州）人氏。初为乐长，后当音乐教师。此人有多方面的天才，对于风琴、钢琴、声乐、戏剧（神剧、清唱剧）、小提琴、管弦乐，他都精研，都有作品。他的神剧（oratorio）如《马太受难乐》(Matthew Passion)，永为剧乐的模范。对于钢琴音乐，巴赫的功绩尤为不朽。当时钢琴音乐还很幼稚，没有一定的奏法，奏者仅用四根手指（拇指闲却不用），且各指伸直，平压键板，技术笨拙得很。巴赫开始改正这奏法，添用拇指，且教四指弯成九十度角，用指尖按键。对于复音乐，亦大加改良。他尽行废除以前风琴用的卡农曲，而改用赋格曲。赋格曲是最高的近世复音乐。他的赋格曲，至今流传于世的还是很多。

2. 亨德尔是巴赫的同时代的同国人。此人最初研究歌剧，后来漫游各地，归而悉心研究神剧，就创作千古不朽的大作《弥赛亚》(*Messiah*，原文译为《救世主》)，及《以色列人在埃及》(*Israel in Egypt*，原文译为《在埃及的伊史来尔》)等。亨德尔在音乐上的伟业，是声乐法与管弦乐法的进步。管弦乐法的成功尤大。其作风十分接近于单音乐。故亨德尔是由复音乐趋向单音乐的桥梁。

（二）后期

古典单音乐派——这派的代表者是海顿、莫扎特、贝多芬，但在三人之前，尚有许多的先驱者，即科莱里（Corelli，1653—1713，意大利音乐家，原文译为可兰理）、斯卡拉蒂（Scarlatti，1685—1757，意大利音乐家，原文译为史卡拉底）、埃马努埃尔·巴赫（Carl Philipp Emanuel Bach，1714—1788，德国音乐家，原文译为哀马纽尔·罢哈）、克莱门蒂（Muzio Clementi，1752—1832，意大利音乐家，原文译为克来门提）。今依次介绍于下：

1. 科莱里是最早的小提琴作曲家。所作小提琴奏鸣曲（violin sonata）甚多。他的奏鸣曲都由四乐章成立，为最古式的奏鸣曲。后来的奏鸣曲都托根于此，故科莱里是使音乐由复趋单的一大枢纽。

2. 斯卡拉蒂是钢琴音乐家。对于钢琴奏法,他有许多改良。他的歌剧中的音乐,都用单音乐作法,且把歌剧曲移用于钢琴,故斯卡拉蒂对于初期单音乐有很大的功勋。

3. 埃马努埃尔·巴赫是"音乐之父"的巴赫的第三子。他曾多年在柏林当宫廷乐师,故通称为"柏林的巴赫",以别于他的父亲。他的作风,与乃父大异,都是唱歌风的单音乐,全无复音乐的痕迹。他是奏鸣曲的完成者,后人称他为"奏鸣曲之父"。

4. 克莱门蒂是钢琴音乐的专家。他发明种种巧妙的钢琴奏法。所作奏鸣曲,交响乐甚多。现今的钢琴曲选中,克莱门蒂作品最多,最是脍炙人口。

经过上述四家的先驱,乐坛上就产生千古未有的三乐圣,近世音乐的殿堂于此完成。这三乐圣便是海顿、莫扎特与贝多芬。

1. 海顿的父亲是一个车匠,海顿六岁时,有亲友发现他的天才,劝他父亲送他到海恩堡(hainburg,原文译为昂不尔兀)去学音乐。后来,就当了管弦乐队的指挥者。他曾经游历英国,大受伦敦乐界的欢迎。他的十二个大交响乐,便是在伦敦做成的,故总称为"英吉利交响乐"。他的作品甚为丰富,有交响乐一百八十曲,四重奏八十三曲,神剧五曲,歌剧十九曲,此外还有许多室内乐。他的神剧,在剧乐界尤为著名。他的器乐曲以交响乐为最著,故后人称他为"交响乐之父"。海顿家有悍妻,家庭幸福全无。他的生活兴味集中于音乐,故有这样伟大的成就。

2. 莫扎特是享年只有三十五岁的短命天才。他的父亲是当时有名的音乐家。莫扎特以神童著名。三岁时,听他父亲教他姐姐弹琴[当时的钢琴尚未完成,名曰harpsichord(羽管键琴)],听过几遍,就不忘记,五岁时已能弹琴。六岁时跟了父亲及姐姐赴各地演奏旅行。

两幼儿合奏钢琴大曲,见者惊叹为神人。有一次,他在奥国皇后面前演奏。奏毕,他爬到皇后的膝上,吻她的颈,又指着娇小的皇女,"我要娶她作新娘。"满座大笑,佳话传遍全国。但莫氏年长以后,生涯坎坷,失恋,贫穷,终于夭死。他十二三岁时已开始作曲。作品甚多,主要的是器乐曲奏鸣曲。他的《C短调(小调)奏鸣曲》为钢琴曲中最伟大的作品。四十九曲交响乐中《降E调交响乐》(*Op.543, bE-dur Symphony*)、《g短调交响乐》(*Op.550, G-moll Symphony*)、《C长调(大调)交响乐》(*Op.551, C-dur Symphony*),即《朱庇特交响乐》(*Jupiter Symphony*,原文译为《周彼得交响乐》),这三篇最为有名。

3. 贝多芬是全世界到处知名的乐圣。他比拿破仑后一年生,两个英雄同时。那一个因了政治的野心而终于败亡,这一个因了艺术的奋斗而永远不朽。贝多芬的一生,整个是奋斗史。他的父亲是一个酒徒,全不关心子女的教育。他看见贝多芬富有音乐天才,一心想他做个神童,卖艺赚钱,所以督

责甚严。幼小的贝多芬常受严父的苛责，落泪在clavier（即当时的钢琴）的键盘上。他的神童天才不亚于莫扎特，十二岁就成为卓越的演奏家。他曾经在当时已成名的莫扎特面前演奏，大受赞赏。又曾师事海顿。但他的奔放不羁的天才，终于不受拘束，而自成伟业。他的一生，比莫扎特更为坎坷。壮年恼于贫穷，老年复患致命的耳聋。三十二岁时，他忽然觉得野外的农夫的笛声模糊不清，知道耳朵已渐失聪，不胜悲观。拿破仑侵略维也纳，贝多芬怕炮声增重他的聋疾，常用两指塞住耳孔。晚年两耳几近全聋，然而努力作曲，所作的正是他的最大杰作《D调庄严弥撒》与《第九交响乐（合唱交响乐）》。这是一个旷世的奇迹！好像是神明帮助他作成的！他的作品，是今日音乐的宝典。现在将他的各方面的代表作列表于下。其中多数是今日的演奏会中所常演奏的乐曲。

交响乐
- 《第一交响乐》（*Op.21*）
- 《第二交响乐》（*Op.36*）
- 《第三交响乐》（即《英雄交响乐》，*Eroica Symphony*）
- 《第四交响乐》（*Op.60*）
- 《第五交响乐》（即《命运交响乐》，*Fate Symphony*）
- 《第六交响乐》（即《田园交响乐》，*Pas-toral Symphony*）
- 《第七交响乐》（*Op.92*）
- 《第八交响乐》（*Op.93*）
- 《第九交响乐》（即《合唱交响乐》，*Choral Symphony*）

序曲
- 《莱奥诺拉第二》（*Leonore No.2*，原文译为《来奥诺来第二》）
- 《来奥诺来第三》（*Leonore No.3*，原文译为《来奥诺来第三》）
- 《埃格蒙特》（*Egmont*，原文译为《爱格孟德》）
- 《科利奥兰纳斯》（*Coriolanus*，原文译为《可理奥拉奴司》）

歌剧——《费德里奥》（*Fidelio*，原文译为《斐代里奥》）

神剧
- 《基督在橄榄山上》（*Christ on the Mount of Olives*，原文译为《橄榄山》）
- 《D大调庄严弥撒》（*Missa solemnis in D*）

协奏曲
- 钢琴协奏曲五曲
- 小提琴协奏曲一曲

贝多芬一生的作品，可分为三个时期。第一期是受海顿、莫扎特的影响的时期，即自一七九二年至一八〇三年之间，作品第一至第五十，属于这时期。第二期是他的个性表现的时期，即自一八〇三年至一八一五年之间，第三至第八交响乐即此时期的作品。第三期是晚年的超越时代，即自一八一五年至一八二七年之间，两耳全聋的时代，《第九交响乐》及《D调庄严弥撒》即属于此时期。他的作风，不受传统形式的拘束，而充分发挥个性。这一点正是后来的浪漫乐派的基础。故在音乐史上，贝多芬是古典乐派与浪漫乐派之间的桥梁。

二、近世浪漫乐派

古代乐派与浪漫乐派的区别，是前者注重形式法则，后者注重内容情绪。前者是规则的，后者是独创的，所以音乐到了浪漫派时代，尽量发挥个性，全然不拘形式了。时代在十九世纪前半，地点集中于德、法二国。名家辈出，重要者有七大家，属于初期者二人，即舒伯特与韦伯。属于成熟期者三人，即门德尔松、舒曼与肖邦。属于现代乐派的过渡期者二人，即柏辽兹与李斯特。逐述于下。

1. 舒伯特是"乐曲之王"，在前面曾经说过的。他是维也纳地方一位小学教师的第十四个儿子，自幼贫困，一生坎坷，享年三十二岁而夭逝。他青年时代就在父亲的学校里当小学教师，

但天才早已迸发,十八岁时已经作了一百三十五个歌谣曲。至今脍炙人口的《魔王》(*Erlkönig*)、《野玫瑰》(*Heidenroselein*,原文译为《野蔷薇》),就是这初期的作品。他长后无家可归,漂泊终身,晚间常寄宿于酒肆。有名的《云雀》(*Hark, Hark, the Lark*),便是在酒肆中作成的。他常手持歌德诗集,徘徊朗诵。忽然乐想来到,取笔在五线谱上疾书,顷刻之间完成一首千古不朽的杰作。所以他的生涯虽短,作品甚多。歌谣曲共有八百余首,此外尚有钢琴奏鸣曲二十四曲,弦乐四重奏二十四曲,交响乐十曲。有名的《未完成交响乐》(*Unfinished Symphony*,或名《b短调交响乐》),是因为他作曲未完而死,就此成立的。

舒伯特的生涯、作风、器度、抱负,均与贝多芬相似,相貌也略相似,故有"小贝多芬"的雅号。这两大乐圣,生于同时同地,但只见一面。贝多芬年长,扬名较早。舒伯特仰慕他,有一天拿了自己的歌曲集去拜访。贝多芬不在家,他就把歌曲集留呈而去。不久贝多芬患病了,病中偶然拿这歌曲集来阅读,惊叹他的天才,在病床上痛恨相见的无缘,舒伯特知道这消息,就去看他。贝多芬已是弥留的时候了,举眼向他注视,断断续续地说一声"我的灵魂是弗朗茨(舒伯特的名字)的!"便闭了目。贝多芬出殡,舒伯特拿了火炬送葬,归途同友人到酒店痛饮,他举起酒杯说:"为座上最早死者干杯!"一年半之后,他自己竟抽中了这签,弥留之际叫道:"这不是我的屋子,贝多芬不在这里呀!"向友人提出一个要求,死后要葬在贝多芬的墓旁。友人们遵行他的遗嘱,给他葬在离开贝多芬的墓三尺的地方。两个伟大的灵魂,从此永不相离了!

2. 韦伯(Carl Maria von Weber,1786—1826,德国)是浪漫派歌剧大家。他的父亲是音乐家,母亲是歌剧中的歌手。他跟了父母漫游各地,对歌剧获得了充分的修养。十二岁时就作歌剧,终身以歌剧创作为事,就成了浪漫派歌剧的建设者。他的作风,是打破歌剧的旧形式,而注重情绪的自由表现。又采用德国民间音乐为作曲的基础。这一点,对现代音乐有极大的影响。

3. 门德尔松是浪漫派成熟期的作家。他的父亲是犹太人,家中很富裕,且慈爱子女。故门德尔松的生涯十分幸福,不愧名叫Felix(幸福)的。他的天才早年发露,十五岁时已作了四个歌剧。十七岁作成名闻世界的《仲夏夜之梦》(*Mid-summer Night's Dream*)。他的记忆力特别强,在演奏会中听过的音乐,归家都能背写出来。他的作品,器乐居多,歌剧次之。《苏格兰交响乐》

(Scotish Symphony),《意大利交响乐》(Italian Symphony),不但充分表现国民性,又以描写法的巧妙著名。他的钢琴音乐,富有诗趣。像《无言歌》,最是充分表现他的特色的作品。总之,他的作风,美丽可爱。没有贝多芬的庄严伟大,却有别人所无的清新隽逸。浪漫乐派的优点,被门德尔松全部垄断了。

4. 舒曼早年丧父,其母不慈,忽视他的乐才。十八岁时,他入莱府大学法律系,但一面自修音乐。他热衷于钢琴,每日练习七小时之多,因此伤了手指的筋。这时候他的母亲被感动了,方始教他舍弃法律而正式研究音乐。但指已受伤,不能作钢琴家,他就埋头研究作曲。二十五岁时,他爱上了一个女人,但恋爱磨折甚多,受了五年间的苦恼。这些恋爱苦恼却转化为许多美丽的钢琴音乐。结婚以后,颇有数年幸福的生活,但因为他的个性激越,后来家庭终于破裂。一度投河自杀,幸而得救。但从此精神异常,两年后死于疯人医院。他的生涯如此,故其乐风亦热狂奔放,所作以钢曲为最有名,《蝴蝶》(Papillon),《狂欢节(Carnaval,原文译为《谢肉祭》)、序曲《耶娜伐》(Genova)[1],《浮士德》(Faust),《曼弗雷德》(Manfred,原文译为《孟弗来特》)》,是其最著名者。他的小器乐曲亦甚隽妙,如《梦幻曲》(Traumerei,原文译为梦之曲),是人人都知道的富于诗趣的小曲。

---

[1] 疑为《格诺费娃》(Genoveva)。

5. 肖邦的父亲是法国人，母亲是波兰人。他生于波兰。波兰的亡国的哀愁充满于他的心灵中，所以他的作风，哀怨而悲愤，凄凉而幽艳。肖邦八岁时就公演钢琴独奏，十余岁演奏旅行，到处受人赞誉，称他为"莫扎特第二"。他游历中怀念沦亡的祖国，不胜悲愤。作品第十的《C短调练习曲》（原名《革命练习曲》）便是

爱国心的表现。二十七岁时，对一浪漫派女文学家乔治·桑发生恋爱，不久结婚，爱情甚笃。后来肖邦患肺病，乔治·桑便抛撇他。肖邦失恋后，身心益衰，不久病死，享年只三十九岁。音乐史上又见一短命的天才。肖邦是近世唯一的钢琴专家。俄国钢琴大家鲁宾斯坦（Anton Rubinstein，1829—1894，俄罗斯音乐家，原文译为卢平希泰因）赞誉他为"钢琴诗人"。肖邦的作风极端优美，是女性的。"夜乐（nocturne，夜曲）"是他最得意的杰作。波兰风舞曲"波罗内斯（polonaise）"也是他的专长。肖邦终年穿黑色衣服，又欢喜晚上作曲，性格非常温柔幽静，这便是法兰西人所谓"世纪病（La Mal du siècle）"的表现。

6. 柏辽兹是法国一荒村中的医师的儿子。十八岁时到巴黎

研究药学。不知怎的,忽然舍药学而入音乐学校。父亲反对他,断绝他的学费供给,故他的求学时代生活甚是辛苦。他恋着一个有名的女优。那时他还未成名,这女优看他不起,拒绝了他。柏辽兹失恋之余,埋头作曲。有名的《幻想交响乐》(*Symphony Fantastique*)便是这单相思的苦痛的记录。他从此渐渐闻达,终于博得了"交响诗人"的荣名。后来他又爱上了一个女钢琴家,已经订婚,这女子背了约,和别人结婚了。柏辽兹妒火中烧,身怀手枪,欲杀死这女子。他在途中看到了自然风光的美丽和平,忽然息了愤,从此屏除恋情,埋头作曲,二年间产生无数的杰作。有一次他开自己作品的演奏会,目录中有为旧恋人那女优而作的《幻想交响乐》。这女优恰好在听众之中。她听到了这曲,大为感动,就与柏辽兹结婚。结婚后常苦贫困,晚年夫妻反目。不久妻死,所生的爱儿亦死。柏辽兹在孤苦潦倒中逝世。他的音乐的伟业永远留存在世间。柏辽兹的事业,主在器乐方面。作曲之外,又著有《器乐法理论》(*Traite d'instrttmenta-tion*),这是管弦乐法的模范的教科书。作曲中交响乐最著。《哈罗尔德在意大利》(*Harold en Italie*,原文译为

《在意大利的哈洛尔特》)是根据拜伦诗的。《罗密欧与朱丽叶》(*Romeo et Juliette*,原文译为《洛米欧与周里爱德》)是根据莎士比亚的。这都是全世界时常演奏的作品。他的作风富于热情,长于抒情,故此人有"交响诗人"之称。

7. 李斯特也是一个音乐神童,九岁时出席演奏,博得好评,被匈牙利的贵族醵资[1]遣送游学。十一岁时在贝多芬面前演奏,贝多芬大加赞赏,从此以钢琴专家驰名各国。他热爱当时的浪漫派文学,故其作曲富有浪漫精神。二十岁以后,作长期演奏旅行,足迹遍欧洲,到处受人欢迎,所得演奏出席费不少。他就拿这些钱来赈灾,或帮助友人。

又独出资金,在科隆建造贝多芬纪念碑。乐剧大家瓦格纳曾经得到他不少经济的援助,所以李斯特是一个忠厚慷慨的音乐家。关于他的忠厚慷慨,有一段动人的逸话:李斯特旅行到某地,有一个素不相识的女钢琴家,正在该地开演奏会,而广告上大书"李

---

1 醵(jù)资:筹集资金。

斯特女弟子"的衔头。这女子得知李斯特来了,连忙到他的旅馆里去,流着惭愧的眼泪而请罪。李斯特毫不怪她,但请她弹一曲听听。弹过之后,李斯特给她种种指教,然后和颜悦色地对她说:"好,我已教过你钢琴了,现在你真是李斯特的女弟子了!你开演奏会,我也来参加出席。"这女子感激涕零,五体投地。故李斯特不但音乐的成就伟大,其人格也很伟大!他的作品,钢琴曲及交响乐为主。钢琴曲除创作外,又多"改作曲(transcription,改编曲)"。有名的《匈牙利狂想曲》(*Hungarian Rhapsodie*),便是用匈牙利民谣改造而成的。此外最著名的有交响乐《浮士德》(*Faust*)、《但丁神曲》(*Dante's Divine Comedy*),交响诗《塔索》(*Tasso*)、《俄耳甫斯》(*Orpheus*,原文译为《奥非乌史》)、《哈姆雷特》(*Hamlet*,原文译为《哈孟雷特》)等。柏辽兹与李斯特,是浪漫乐派中的异军,是现代乐派的先驱者。他们的"交响诗",便是现代"标题音乐"的起因。

以上已把浪漫乐派七大家的生涯与艺术说过了。此外尚有许多名家,其作品亦常见于今日的演奏会中,读者亦不可不知。现在但把他们的姓名表记在下面。上面所说的七人是大家,现在从第八人记起,共十四人,是次大家。浪漫派作家一共二十一人。

8. 施波尔(Ludwig Spohr,1784—1859,德国音乐家,原文译为史宝亚)。

9. 马斯纳（Heinrich Marschner, 1795—1861, 德国音乐家, 原文译为马尔修耐尔）。

10. 海勒（Stephen Heller, 1811—1885, 匈牙利, 原文译为海尔来尔）。

11. 福尔克曼（Robert Volkmann, 1815—1883, 德国音乐家）。

12. 赖内克（Carl Reineke, 1824—1910, 德国音乐家, 原文译为郎耐侃）。

13. 詹森（Adolph Jensen, 1837—1879, 德国音乐家, 原文译为应陈）。

14. 拉赫纳（Franz Lachner, 1803—1890, 德国音乐家, 原文译为拉哈耐尔）。

15. 拉夫（Joachim Raff, 1822—1882, 瑞士音乐家, 原文译为拉甫）。

以上是为德式浪漫乐派。

16. 古诺（Charles Francois Gounod, 1818—1893, 法国音乐家, 原文译为顾诺）。

17. 梅耶贝尔（Giacomo Meyerbeer, 1791—1864, 德国音乐家, 原文译为马伊亚陪亚）。

18. 凯鲁比尼（Luigi Cherubini, 1760—1842, 意大利音乐家, 原文译为侃乐比尼）。

19. 斯蓬蒂尼（Gasparo Spontini, 1774—1851, 意大利音乐家, 原文译为史邦底尼）。

20. 贝利尼（Vincenzo Bellini，1801—1835，意大利音乐家，原文译为裴理尼）。

21. 多尼采蒂（Gaetano Donizetti，1197—1848，意大利音乐家，原文译为陶尼才底）。

以上为法式浪漫乐派。

现代的音乐

现代音乐,是指十九世纪末及二十世纪初的音乐,最近的音乐,未有定论的,不在其内。

现代音乐的特征是标题音乐与国民性音乐的发达,故"现代乐派"就是"标题乐派"与"国民乐派(民族乐派)"的总称。这种作风,导始于前讲所说的浪漫派异才柏辽兹与李斯特二人。他们用器乐描写心象,抒发情感,名曰"交响诗(symphonic poem)"。这就是标题音乐的先导。现代音乐最发达的是德国、法国及俄国,其次是意大利、波西米亚(原文作波海米亚)、斯堪的纳维亚(原文作斯干的纳维亚)半岛,英国和美国。今分别叙述于下。

一、德意志现代乐派

德意志现代乐派的代表者,可举两大家,即勃拉姆斯(Johannes Brahms,1833—1897)与施特劳斯(Richard Strauss,1864—

1949，德国音乐家，原文译为希德洛斯）。

1. 勃拉姆斯与贝多芬和巴赫，合称为音乐史上"三大B"。即：

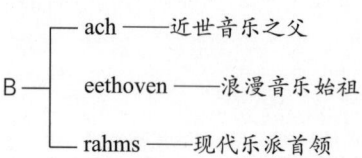

巴赫和贝多芬的功业，前面已经详说，都是音乐史上划时代的乐圣。现在要说的勃拉姆斯，又是一位创业垂统的领导者。他是复古主义者，翻陈出新，演成现代乐派的。

勃拉姆斯十四岁就出席钢琴演奏，十九岁已是出名的钢琴家了。他的弹琴技术，敏捷无比。有一段逸话可以证明他的鬼才：有一次，他和一个朋友同到某市开演奏会。这朋友独奏小提琴，勃拉姆斯用钢琴伴奏。正要开演，忽然发现会场上的钢琴，调子比平常的钢琴低半音。他的朋友的小提琴是照普通钢琴调整弦线的，要他放低半音，他怕音色不好，影响于演奏技术，颇有难色。勃拉姆斯从容不迫地说道："不妨不妨，让我提高半音弹奏好了！"他不须练习，立刻提高半音弹奏，复杂急速的伴奏，一点也不弹错。从此他的钢琴圣手，名誉益高。初任音乐院教授，后为管弦乐团指挥者，晚年专心于作曲。代表作有四大交响乐，即《C短调（小调）交响乐》《D调交响乐》《F调交响乐》《E短调交响乐》。还有许多钢琴曲。《安魂曲》(Requiem，原文译为《镇魂乐》)也是他的得意之作。他的作风，是复古主义，即新古典主义。评家说他是"在古典的坛中装浪漫的酒"，又有人说他是"巴赫的身体穿了贝多芬的衣服"，所以他的作曲，具有古典的形式与浪漫的精神。勃拉姆斯的复古主义出世，德国音乐家普遍蒙受影响。许多作家回到古代去研究对位法。有两位现代对位法的名家，即布鲁克纳(Bruckner，原文译为勃罗克耐尔)及雷格(Reger，原文译为来干尔)，便是受勃拉姆斯的复古影响最深的人，勃拉姆斯以后欧洲乐风一致复古，有新古典主义、新浪漫主义等流派。其中最正统的承继者，是下述的施特劳斯。

2. 施特劳斯是今年八十五岁高龄的老音乐家[1]。他也是一个音乐神童，四岁学钢琴，六岁会作曲。他最初完全承继勃拉姆斯，后来倾向柏辽兹与李斯特，自成一种现代作风。柏辽兹与李斯特的"交响诗"，到了施特劳斯手里而作法愈加凝练融和，特称为"音诗(tone poem)"，他的最初作的音诗是《麦克白》与《唐·璜》(Don Giovanni，原文译为《童·访》)。此后心理描写法更加进步，就产生杰作《死与净化》(Tod und Verklaerung)。在这曲中，他用巧妙的手法，写出人类临死时的心情，对于生的

---

[1] 此书作于1949年。过去十余年间，战乱频仍，消息沉滞。但愿这位老者乐家平安在世。
——作者注。

爱着和对于死的恐怖，最后又写出超生死的法悦的心境，为现代音乐中心理描写最深刻的作品。

施特劳斯的心理描写日渐精深，终于达到标题音乐的极致。以尼采作品为题材的《查拉图斯特拉如是说》(*Also Sprach Zarathustra*，原文译为《查拉徒司德拉如是说》)，引人深入哲学的境地。这真是一篇动人魂魄的雄大的音诗！故评家称这作品为"尼采哲学的音乐化"。此外杰作，有《唐吉诃德》(*Don Quixote*，原文译为《吉诃德先生》)，《英雄的生涯》(*Ein Heldenleben*)，《家庭交响乐》(*Symphonia Domestica*) 等。

德意志现代乐派除上述二大家外，尚有次大家十一人，亦不可以不记，今将其姓名列下：

3. 赖因贝格尔（Joseph Rheinberger，1839—1901，德国音乐家，原文译为来因陪尔干尔）。

4. 布鲁克纳（Anton Bruckner，1824—1896，奥地利音乐家，原文译为勃罗克耐尔）。

5. 布鲁赫（Max Bruch，1838—1920，德国音乐家，原文译为勃罗甫）。

6. 席林斯（Max Schillings，1868—1933，德国音乐家，原文译为雪林格）。

7. 乔治·舒曼（Georg Schumann，1866—1952，德国音乐家，

叁 | 音乐的艺术

原文译为乔尔格·修芒）。

8. 雷格（Max Reger，1873—1916，德国音乐家，原文译为来干尔）。

9. 戈德马克（Karl Goldmark，1830—1915，匈牙利音乐家，原文译为哥尔特马克）。

10. 洪佩尔丁克（Engelbert Humperdink，1854—1921，德国音乐家，原文译为亨巴定克）。

11. 马勒（Gustav Mahler，1860—1911，奥地利音乐家，原文译为马莱尔）。

12. 魏因加特纳（Felix Weingartner，1863—1942，奥地利音乐家，原文译为怀因格尔芯耐尔）。

13. 沃尔夫（Hugo Wolf，1860—1903，奥地利音乐家）。

二、法兰西现代乐派

近世纪来，世间说起音乐，首先想到德国，实因德国在最近两世纪中出了不少的大音乐家，音乐的权威集中在德国之故。但是，盛极必衰，十九世纪末，德国音乐开始凋谢，而音乐的重心移向法国与俄国。现在先说法国的现代乐派，即所谓"印象派"。主要作家有五人：

1. 德彪西（Achille-Claude Debussy，1862—1918，法国音乐家，原文译为杜襃西），本世纪之初，世界最大的音乐家，首推法国印象乐派的创导者德彪西。他十一岁入巴黎音乐院，二十二岁得罗马奖，游学意大利。他的创立法国印象乐派，是从俄罗斯国民乐派得到暗示的。他发现俄罗斯音乐中含有法兰西音乐的成分，就研究俄国音乐，撷取其精英，而另创印象派音乐。他热爱当时法国大文学家波德莱尔（Baudelaire，原文译为波特来尔）的象征派诗。他的最初的杰作，是《牧神午后前奏曲》（*Prélude à l'après-midi d'un faune*），这乐曲使他的名声震响于全世界，"印象乐派"的名词由此创生。印象派音乐的特征，是旋律美丽，和声富有变化，曲趣鲜艳。他的作曲，自由奔放，不拘形式。他所用的音阶，亦非普通音阶，有时采用古代希腊的音阶。他的钢琴曲优美婉丽，与"钢琴诗人"肖邦媲美。著名的钢琴曲是《海》（*La Mer*）和《三个夜曲》（*Trois Nocturnes*），他又是歌剧名家。

2. 弗兰克（Cesar Frank，1822—1890，比利时音乐家，原文译为富郎克），他是德彪西的学生，幼有天才，十一岁已成名为钢琴家，旅行演奏于比利时各都市。后来移居巴黎，任音乐院风琴教授，同时努力作曲。他的作品，以风琴乐、室内乐（室内乐）及歌谣曲为主。名作有交响诗《八福》（*Les Beatitude*，原文译为《喜乐》）、歌剧《于尔达》（*Hulda*，原文译为《许尔达》）、神剧《赎罪》（*La Redemption*）等。他的作风，根据中世复音乐，而自有一种神秘的情调。他与上述的德彪西，同为法国现代乐派的先导者。

3. 圣-桑（Camille Saint-Saens，1835—1921，法国音乐家，原文译为商·赏）是极早熟的音乐神童。二岁时就能弹钢琴，五岁时已能读管弦乐总谱，十一岁就上台演奏，十六岁作成他的第一交响乐。自此以后，陆续作出大量的名曲。他的作品以交响乐为主，此外各方面都有制作。乐风与德彪西相近似，作品则比他更为丰富。今列举其最著名的作品如下：

a）交响乐诗：

《奥姆法尔的纺车》（*Le Rouet d'Omphale*，原文译为《沃摩法尔的水车》）。

《法厄同》（*Phaéton*，原文译为《费顿》）

《骷髅之舞》（*Dance Macabre*，原文译为《哀伤的舞蹈》）。

《年轻的赫克勒斯》（*Le Jeunesse d'Hercule*，原文译为《赫格尔的青年》）。

《阿尔及利亚组曲》（*Suite Algerienne*，原文译为《亚尔耶组曲》）。

b）神剧：

《大洪水》（*La Doluge*）。

c）歌剧：

《银色音符》（*Le Timbre d'Argent*，原文译为《银色的音》），《亨利八世》（*Henry VIII*）。

法兰西现代乐派除上述三大家之外，还有歌剧方面的两大家，即比才与马斯奈（Jules Massenet，1842—1912，法国音乐家，原文译为马斯耐）。

三、俄罗斯现代乐派

俄国为古来民谣曲最发达的国家，故从音乐方面，亦可看出俄国是人民力量强大的国家。只因数千年来受政治宗教的压迫（俄国宗教禁律极严，音乐限于教堂用，民间不得弄音乐。谓民间音乐者死后必入地狱受罚），不能伸展其天性。直至十九世纪中叶，开始解放。寂寥了数千年的俄国，至此一鸣惊人，各方面都表示辉煌的发展。音乐自不能例外，"国民乐派"的奇才接踵而起。名闻于全世界的，有下列这许多大音乐家——

1. 格林卡（Michael Glinka，1804—1857）。
2. 鲁宾斯坦（见"近世浪漫乐派"鲁宾斯塔）。
3. 居伊（Cesar Antonovich Cui，1835—1918，原文译为柯伊）。
4. 里姆斯基-柯萨科夫（Rimsky-Korsakoff，1844—1908，原文译为李摩斯基-可沙可夫）。
5. 巴拉基列夫（Balakireff，1837—1910，原文译为巴拉奇来夫）。
6. 柴可夫斯基（Peter Ilyich Tchaikovsky，1840—1893，原文译为却伊可夫斯基）。
7. 斯克里亚宾（Alexander Scriabin，1871—1915，原文译为史克里亚平）。
8. 拉赫马尼诺夫（Sergei Rachmaninoff，1873—1943）。

9. 格拉祖诺夫（Alexander Glazunoff，1865—1936，原文译为格拉左诺夫）。

10. 阿连斯基（Anton Stepanovich Arensky，1861—1906，原文译为亚伦斯基）。

11. 鲍罗丁（Alexander Porhyrievitch Borodin，1833—1887，原文译为波罗定）。

12. 斯特拉文斯基（Igor Fedorovich Stravinsky，1882—1971，原文译为史德拉文斯基）。

15. 穆索尔斯基（Modeste Petrovich Mousorgsky，1838—1881，原文译为莫索奇斯基）。

今择其重要者四人，分述于下。

1. 格林卡是俄罗斯现代乐派的始祖。他最初研究钢琴，后来游历德、意、法诸国，归而致力歌剧创作。《为皇帝的生命》（*Das Leben für den Czaren*，此歌剧现用名应是"伊凡·苏萨宁"）及《鲁斯兰与柳德米拉》（*Ruslan und Ludmilla*，原文译为《罗斯浪与罗特米拉》），是他的两大代表作。

2. 鲁宾斯坦是继格林卡而起的人。他是犹太人的儿子，自幼即有天才，九岁的时候就在莫斯科出席演奏钢琴。后来复游学巴黎，得到李斯特的指教。成名以后，归国创办音乐学校。俄皇曾赠他勋章。杰作有《大洋交响乐》（*Ozean Symphonie*）、歌剧《恶魔》（*Der Damon*），《尼禄》（*Nero*，原文译为《耐洛》），神剧《巴别塔》(*Der thurm zu Babel*,原文译为《巴比尔之塔》)、《失乐园》(*Paradise Lost*)等。

3. 柴可夫斯基是"折衷乐派"的作家。盖自格林卡以后,俄国乐坛分为两派,即国民乐派与折衷乐派。国民乐派的代表者是居伊等。折衷乐派的代表者便是柴氏。柴氏青年时代修习法律,到了二十二岁开始入音乐学校研究音乐,天才突发,竟成为世界的大音乐家。他的作品极多,器乐、声乐各方面都有,歌剧亦多杰作。其中

最表现特色的,是标题音乐的交响乐。其中著名者有下列各曲:

a)《一八一二年序曲》(*Overture 1812*,原文译为《序曲一八一二年》)。

b)《第四交响乐》(*Symphony No.4*)。

c)《第五交响乐》(*Symphony No.5*)。

d)《悲怆交响乐》(*Pathetic Symphony*)。

e)《曼弗雷德交响乐》(*Manfred Symphony*,原文译为孟弗来特)。

柴可夫斯基的作品，最能表示俄国的风味，即北欧特有的沉痛忧郁的情调。

4. 斯克里亚宾是现代乐派最高潮的作家。他的母亲是钢琴家，他小时候受母教，五岁已能奏钢琴曲，八岁已能作小曲。后入莫斯科音乐院，十九岁毕业后，专攻钢琴音乐。其作风类似肖邦而加以神秘的构想。关于左手的弹琴技法，他有特殊的发展。这是因为他幼时被马车撞伤了右手的锁骨，右手运指稍不自由，因此向左手上发展。钢琴音乐向来着重右手，而忽略左手。因了斯氏右手的受伤，而钢琴的左手技术得以发展，亦可谓"因祸得福"。他的管弦乐用器法（配器法）精妙无比，评家称之为"交响乐的水晶宫"。作品中最著名的是《狂喜之诗（The Poem of Ecstacy，原文译为法悦的诗）》《普罗米修斯》（Prometheus，原文译为《泼洛美修史》），《神秘》（Mystery）等。

现代音乐的精英，集中在上述的德、法、俄三国。德国的施特劳斯、法国的德彪西、俄国的斯克里亚宾，总称为现代音乐三大家。其他诸国的现代音乐续说于下。

四、意大利现代乐派

意大利是歌剧的发祥地，故现代意大利音乐亦偏重歌剧。今列举现代意大利音乐各方面的作家如下：

1. 歌剧方面：

    a）威尔第（Giuseppe Verdi, 1813—1901，原文译为凡尔第）。

    b）马斯卡尼（Pietro Mascagni, 1863—1945，原文译为马斯加尼）。

    c）列昂卡瓦洛（Ruggiero Leoncavallo, 1858—1920，原文译为莱昂卡伐洛）。

    d）普契尼（Giacomo Puccini, 1858—1924，原文译为普起尼）。

    e）乌尔夫·费拉里（Wolf-Ferrani, 1874—1948）。

2. 器乐方面：

    a）斯甘巴蒂（Giovanni Sgambati, 1843—1914，原文译为斯冈罢底）。

    b）马尔图齐（Giuseppe Martucci, 1856—1909，原文译为马尔土济）。

    c）布索尼（Ferruccio Busoni, 1866—1924，原文译为蒲索尼）。

    d）波西（Marco Bossi, 1861—1925）。

上列诸人中，斯甘巴蒂是李斯特的弟子，又是瓦格纳崇拜者。波西有风琴乐及神剧等名作。意大利近来宗教衰退，而波西专攻宗教音乐，作有帕莱斯特里那式的弥撒甚多。意大利宗教音乐为之复兴。此三人为世纪初意大利音乐的领导者。

五、波西米亚的现代音乐

波西米亚与俄国同样，其音乐到了十九世纪中叶方始为世人所注目。其代表者二人，都是世界的乐才。

1. 斯美塔那（Bedrich Smetana，1824—1884，原文译为史美塔那）是波西米亚的艺术的音乐的先觉者。他最初师事李斯特，后来游学瑞典。归国后，为国民剧场的乐长。后得狂病，被监禁于养育院，至死。他的乐风，承继柏辽兹与李斯特、瓦格纳。作品中最有名的是歌剧《被出卖的新娘》（*Prodana Nevesta*，原文译为《交换新娘》），交响乐诗《我的祖国》（*My Fatherland*）。

2. 德沃夏克（Antonin Dvorak，1841—1904，原文译为特复约克）为波西米亚乐派中最杰出的人物。幼时家贫，将操屠牛业，幸有小提琴天才，被雇任为剧场的中提琴（viola，原文译为微渥拉）手。其音乐天才迸发，地位日高，终于受美国人聘请，到纽约当国立音乐学校的总裁。留美的期间，他研究美洲土人的音乐，作《第五交响乐》，又名《新世界交响乐》（*From the New World*）。归国后为本国音乐学校校长。作品甚多，最著名的有交响乐五曲，交响诗《斯拉夫舞蹈》（*Slavische Tanz*）、宗教歌曲《圣母悼歌》（*Stabat Mater*，原文译为《圣母的哀悼》），康塔塔《幽灵的新娘》（*Cantata: Spectre's Bride*，原文译为《妖怪的新娘》),神剧《圣柳德米拉》(*St.Ludmila*,原文译为《圣·罗特米拉》)。他的乐风,地方色彩特别鲜明,为其他作家所不逮。

六、斯堪的纳维亚半岛的现代音乐

这半岛位在北欧,与俄罗斯及波西米亚同样,其音乐也到十九世纪中而为世所知。一时名家辈出,不可胜数。其最知名者如下:

1. 加德(Niels Gade,1817—1890,丹麦音乐家,原文译为茄代)。

2. 布尔(Ole Bull,1810—1880,挪威音乐家,原文译为蒲尔)。

3. 杰罗夫(Halfdan Kierulff,1815—1868,挪威音乐家,原文译为基耶罗夫)。

4. 格里格(Edvard Grieg,1843—1907,挪威音乐家,原文译为格理克)。

5. 斯文森(Johann Svendsen,1840—1911,挪威音乐家,原文译为史芬逊)。

6. 辛丁(Christian Sinding,1856—1941,挪威音乐家,原文译为辛定克)。

7. 索德曼(August Sodermann,1832—1876,瑞典音乐家,原文译为才代尔曼)。

8. 舍格伦(Emil Sjögren,1853—1918,瑞典音乐家,原文译为赛格伦)。

9. 奥林(Tor Aulin,1866—1914,瑞典音乐家)。

10. 西贝柳斯（Jean Sibelius，1865—1957，芬兰音乐家，原文译为西皮柳士）。

加德为半岛音乐的先觉者，专攻小提琴，作曲甚多。作风以德意志式浪漫派为外形，以斯堪的纳维亚精神为内容。这位丹麦乐人，推为全半岛音乐的倡导人。而半岛音乐的重心，则在于挪威。

挪威的格里格，是全斯堪的纳维亚中最大的天才。他曾留学德意志，后来师事加德，游历欧洲各国，到处开演奏会，备受赞誉。作品中最有名的是组曲《培尔·金特》（*Suite: Peer Gynt*，原文译为比尔·京德)》。他的钢琴协奏曲（Piano Concerto，原文译为钢琴竞奏曲）、小器乐及歌谣曲，最为精妙，富于挪威民谣的色彩。

格里格的后继者是斯文森。他最初与格里格一同留学德国，后来游历各国，从事演奏及作曲。名作有序曲《罗密欧与朱丽叶》。其他交响乐、协奏曲甚多。最为人所称誉的，是他的小器乐曲《浪漫曲》（*romance*）。挪威的辛丁，是技术非常熟练的钢琴家，所以钢琴曲甚多，其中特别有名的是组曲及变奏曲（variation）。

芬兰的西贝柳斯与格里格齐名，为半岛中二大音乐家。此人初习法律，后来改习音乐，担任本国音乐学校校长。作品中著名于世的有歌剧《塔中的少女》（*Tornissa Olija Impi*）、管弦乐《芬兰颂》(*Finlandia*，原文译为《芬兰地亚》)及《传奇》(*En Sagn*，原文译为《亚因·萨茄》)。其作风富于芬兰特有的阴郁与奇怪的趣味。北国苦寒，自然威胁力大，故艺术中表现反抗自然的苦闷。

七、英美的现代音乐

英美两国有一共通点：国民的音乐教养的平均程度都很高，而从古以来少有特别的音乐天才出世。这大概与他们的保守的享乐的民族性有关，英国乐界中较为有名的，有下列诸人：

1. 巴尔夫（Michael Balfe，1808—1870，原文译为罢尔夫）。
2. 沙利文（Arthur Sullivan，1842—1900，原文译为萨里凡）。
3. 托马斯（Arthur Goring Thomas，1850—1892，原文译为托马司）。
4. 麦肯锡（Alexander Mackenzie，1847—1935，原文译为马根济）。
5. 帕里（Charles Hebert Parry，1848—1918，原文译为巴理）。
6. 考恩（Frederic Hymen Cowen，1852—1935，原文译为柯温）。
7. 斯坦福（Charles Villiers Stanford，1852—1924，原文译为史当福特）。
8. 杰曼（Edward German，1852—1924，原文译为日尔曼）。
9. 柯勒律治-泰勒（Samuel Coleridge-Taylor，1875—1912，原文译为可兰理琪·泰洛尔）。
10. 埃尔加（Edward Elgar，1857—1934，原文译为爱尔茄）。

以上诸家中，歌剧家巴尔夫、沙利文及纯音乐家泰勒、埃尔加最为有名。泰勒是入英国籍的黑人，故作品中有黑色人种的旋律的特色。其名作有《海华沙之歌》(*Hiawatha*，原文译为《夏华硕》)。埃尔加为英国第一流音乐家，所作交响乐与竞奏曲甚多。他的神剧《杰隆修斯之梦》(*The Dream of Gerontius*，原文译为《耶隆提纳史的梦》)为门德尔松以来最大神剧。

美洲的音乐家，著名者有下列诸人：

1. 麦克道威尔（Edward MacDowell，1861—1908，原文译为麦克道惠尔）。
2. 佩因（John Knowles Paine，1839—1906，原文译为彼因）。
3. 查德威克（George W.Chadwick，1854—1931，原文译为却特辉克）。
4. 富特（Arthur Foote，1853—1937，原文译为富德）。
5. 康弗斯（Frederick Converse，1871—1940，原文译为康浮史）。
6. 勒夫勒（Charles M.Loeffler，1861—1935，原文译为劳富勒）。
7. 比奇夫人（Amy Marcy Cheney Beach，1867—1944，原文译为裴起夫人）。
8. 达姆罗施（Walter Damrosch，1862—1950，原文译为唐洛修）。
9. 内文（Ethelbert Nevin，1862—1901，原文译为耐文）。
10. 赫伯特（Victor Herbert，1859—1924，原文译为哈勃德）。
11. 帕克（Horatio Parker，1863—1919，原文译为派克）。

其中最大的天才，是麦克道威尔。他游学德国，作风极端倾向于标题乐派，善于描写情趣。善取美洲未开化的土人的旋律，而加以诗的描写，使成为优秀的现代艺术。名作《印第安组曲》（*Indian Suite*，原文译为《印第安人组曲》），便是其一例。他是哈佛大学的音乐长，他的乐风影响美国乐坛甚大，其乐派名曰"波士顿派"。

赫伯特本来是英国人，后赴美，为歌剧指挥者。其作品亦多取用土人旋律，名作有大歌剧《纳托马》（*Natoma*，原文译为《拿托马》）等。

美国最著名的作曲家是帕克。他是爱尔大学的音乐长。名作有大合唱曲《最后时刻》（*Hora Novissima*，原文译为《霍拉·拿微西马》），歌剧《莫娜》（*Mona*，原文译为《莫拿》）等，后者获得政府奖章。

总之，二十世纪初头的音乐，集中于德、法、俄三国。德国的施特劳斯，法国的德彪西，俄国的斯克里亚宾，尤为人类精神的深刻的表现，而突破标题音乐的最高水准。欧洲大战以后，音乐界暂呈停顿状态。虽有许多新进作家出世，要不外前人作风的延续或尝试的制作，现在还未能加以定论。从表面看，今日世间的音乐，可分苏联、美国两中心。苏联的生气蓬勃的精神，正在酝酿一种精练的乐风，而美国的新世界的（美国建国还不到二百年）无成见的民族性，则应用他的资本来采集古今东西各种的音乐。纽约的乐坛，犹如世界音乐的博览会，而其中没有美国自己的音乐，我们拭目待看世界音乐的未来的新姿态。

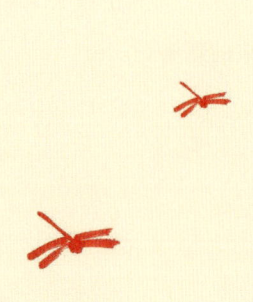

艺术漫谈 ——肆

艺术与艺术家

圆满的人格好比一个鼎,"真、善、美"好比鼎的三足,缺了一足,鼎就站不住,而三者之中,相互的关系又如下:"真""善"为"美"的基础。"美"是"真""善"的完成。"真""善"好比人体的骨骼,"美"好比人体的皮肉。

真善生美,美生艺术,故艺术必具足真善美,而真善必须受美的调节。一张纸上漫无伦次地画许多山,真是真的,善是善的,但是不美,故不能称为画。琴瑟笙箫漫无伦次地发许多音,真是真的,善是善的,但是不美,故不能称为乐。真和善,必须用美来调节,方成为艺术。

这道理又可用礼来比方。古人解释礼字,说:"礼者,天理之节文,人事之仪则也。"天理、人事,就好比真和善,节文、仪则,就好比美。古书中说:曾子耘瓜,误斩其根。曾子的父亲痛打他一顿。曾子被打得死去活来,立刻弹琴,其意要使父亲知道不曾打死,可以放心。这可算是孝之至了。但是孔子反而骂他大不孝。说他不晓得权变，无异杀其父之子。这就是因为曾子只知一味地孝，而无节制。换言之，曾子这种孝法真是真了，善是善了，但是不美，故不成为艺术（艺术就是礼）。子路一味好勇，孔子骂他说："暴虎冯河，死而无悔者，吾不与也。"也是因为子路一味好勇，不知节制，换言之，子路的勇真是真了，善是善了，但是不美，故不成为艺术。孝和勇，都是天理，都是人事。但这天理必须加以节文，这人事必须加以仪则，方合乎礼。节文和仪则，就是"节制"。在艺术上，真善加了节制便成为美。

礼是天理与人事之节文与仪则。同理，"艺术是声和色的节文与仪则"。小猫爬到了洋琴（钢琴）的键盘上，各种声音都有，但不成为乐曲。画家的调色板上，各种颜色都有，但不成为画。何以故？因为只有声色而没有节文与仪则的缘故。故可知"节制"是造成艺术的一个重要条件。我要用绘画上的构图来说明这道理。因为构图法最容易说得清楚。

所谓构图，就是物象在纸上的布置。画一个人，这个人在纸上如何摆法，是一大问题。太大也不好，太小也不好，太正也不好，太偏也不好。必也不大不小、不正不偏，才有安定帖妥之感。安定帖妥之感，就是美感。中国古人对于瓶花的插法费很大的研究，便是构图的研究。龚定庵诗云："瓶花帖妥炉烟定，觅我童心廿六年。"眼睛看见帖妥的姿态，心中便生美感，可以使人感怀人生，插花虽是小事，其理甚为深广，可以应用在任何

丰子恺作品《人散后，一钩新月天如水》

所谓构图，就是物象在纸上的布置。安定帖妥之感，就是美感。

时代的人类生活中，可以润泽任何时代的人类生活，幸勿视为邈小。

构图法中的"多样统一"，含义更深。多样犹似天理人事，统一犹似节文仪则。例如画三个苹果，连续并列在当中。统一则统一矣，但无变化，不多样。虽有规则，而不自然，不算尽美。反之，东一个，西一个，下边再一个，历乱布置，多样则多样矣，但无条理，不统一，不美，不成为艺术，故统一而不多样，多样而不统一，皆有缺点。必须多样而又统一，统一而又多样，方成为尽美的艺术。多样统一的三个苹果如何布置？没有一定。要之，有变化而又安定帖妥的，都是多样统一的好构图。这个道理，可用孟子所说的"礼"和"权"来比方："男女授受不亲，礼也，嫂溺援之以手，权也。"孔子的书里也有一个比方："叶公语孔子曰，吾党有直躬者，其父攘羊，而子证之。孔子曰，吾党之直者异于是。父为子隐，子为父隐，直在其中矣。"这是多样统一的。换言之，是艺术的。

我所见的艺术，其意义大致如此。照这意义说，艺术以人格为先，技术为次。倘其人没有芬芳悱恻之怀，而具有人类的弱点（傲慢、浅薄、残忍等），则虽开过一千次个人作品展览会，也只是"形式的艺术家"。反之，其人向不作画，而具足艺术的心，便是"真艺术家"。故曰，无声之诗无一字，无形之画无一笔。在现今的世间，尤其是在西洋，一般人所称道的艺术家，多数是

"形式的艺术家"。而在一般人所认为非艺术家的人群中,其实有不少的"真艺术家"存在着,其生活比有名的艺术家的生活更"艺术的"。

二十九年(一九四〇)作

文艺的不朽性

人是必朽的，故英语称人曰 mortality（终有一死的），但人的精神可以不朽。"精神不朽"，不是阿Q的"精神胜利"可比。阿Q的精神胜利是空虚的，我们的精神不朽是实在的。

何谓实在？《左传》中说："太上立德，其次立功，其次立言，虽久不废。此谓之三不朽。"文艺当然是立言，其言"虽久不废"便是不朽的文艺。这虽久不废便是实在。我们要求文艺不朽，便须在这四个字上做功夫。

要求文艺的虽久不朽，至少作者须得具有"众生心"。文艺作家具备了这种心的修养，他的作品中便多少含有不朽性，即使要朽，也朽得迟一点。

何谓具有"众生心"？就是说一个人不只有自己的一颗心，而兼有万众之心，就是不仅知道自己的心，又能体谅同类的心。文艺创作的心理中有一种很神秘的矛盾：作家注重独特的个性，但同时又须兼有与众相同的心。何以言之：作家在创作国土中，每一个人假定自己是君临万象的王者，假定一切人物事象都是专为他的创作而存在，这才可以产生佳作，然而这王者，要如曾子所说"民之所好好之，民之所恶恶之"，方才有统治他的国土的资格。这两种心理明明是矛盾的，然而是文艺创作的要素。故文艺家一方面须有特殊的个性，他方面又须具有同情心。孔子所谓"推己及人"，正是文艺的修养，我所谓"众生心"，便是指这种修养功夫。

　　从作品方面说，体会众生心的作家的作品，大都"富有客观性"而"能代表众人言"。所谓"富有客观性"者，作品所表现的，不只是一人或少数特殊阶级所能理解，而是多数人甚至于全人类皆能理解的（但所谓理解，并非指文艺形式，乃指内容的理解）。理解者愈众，文艺价值愈高。故世间不朽之作，无论翻译为何国文字，无论传至何时代，均能脍炙人口，其例不胜枚举。为欲充分说明，请举几首绝诗为实例。诗中关于春的特别多，而且特别富有佳作。就因为"春"是众人所共爱，客观性甚广之故。"春眠不觉晓，处处闻啼鸟，夜来风雨声，花落知多少。"这只是写春晓的一种感觉而已。然而自唐至今，此二十个字所以不可磨灭者，正因为此种感觉各时代的人，人人尝过，其客观性甚广之故。又如关于"别"，诗中也特别多，而且特别富有佳作。也因为别离是众人所共恶，客观性甚广之故。"打起黄莺儿，莫叫枝上啼，啼时惊妾梦，不得到辽西。"这只是一个贪睡的妇人

丰子恺作品
《借问酒家何处有，
牧童遥指杏花村》

所谓『能代众人言』者，例如某种情状，众人皆感到，但是说不出；文艺作者能说破它，使人听了恍然大悟，欣然共鸣。

的日常生活中的小感而已。千年来这二十个字所以不可磨灭者，正因为此种感觉，各时代的人，人人可以体会到，客观性甚广之故。反过来看，庙堂飨宴之诗，宫廷享乐之词，隐居、修道之作，以及关于某一地某一人之诗，所以缺乏佳作者，即为理解者少而客观性狭小之故。

其次，所谓"能代众人言"者，例如某种情状，众人皆感到，但是说不出；文艺作者能说破它，使人听了恍然大悟，欣然共鸣。这叫作能代众人言。再举绝诗为例，"岭外音书绝，经冬复立春，近乡情更怯，不敢问来人"，只是描写久客还乡时的一种心情而已。然而大家读了很感动，我们为暴寇所迫而流亡在大后方的人，感动更深。胜利到来，大家都买棹东归，"漫卷诗书喜欲狂，即从巴峡穿巫峡，便下襄阳下洛阳"的情景，就在眼前，当将近乡关，喜惧交感，正有"不敢问来人"之情。此情我等都已感觉到，但是说不出，一经诗人代为道破，安得不起共鸣？

如上所述："富有客观性"与"能代众人言"的作品，就是具有"众生心"者的创作。也就是含有不朽性的文艺，因为它们"虽久不废"。

三十二年（一九四三）作于重庆

绘事后素

子夏问曰:"'巧笑倩兮,美目盼兮,素以为绚兮。'何谓也?"子曰:"绘事后素。"曰:"礼后乎?"子曰:"起予者商也。始可与言《诗》已矣。"

孔子欲对子夏说明"人须先有美质然后可加文饰"之理,却用"绘事后素"来比方。孔子自己说"多能鄙事",也许他对于绘画也很擅长,深知个中甘苦,所以干脆说出这四个字来作比方。

"绘事后素",就是说先有了白地子然后可以描画,这分明是中国画特有的情形。这句话说给西洋人听是不容易被理解的。因为他们的画,在文艺复兴前以壁画(fresco)为主,在文艺复兴后以油画为主,两者都是不必需要白地子的。

所谓 fresco,是用胶汁和粉的一种水彩画法,大都画在壁上,故不妨就称之为壁画。文艺复兴以前,欧洲基督教势力盛大。画家所描的题材几乎全是宗教画。最伟大的绘画事业是教堂里的壁画。文艺复兴时虽然油画已经发明，还有许多大画家盛用fresco画法为教堂作壁画。像米开朗琪罗便是最著名之一人。这种画法颇有缺点，一则挥写不自由；二则胶性失去后，容易龟裂或脱落，不便保存。所以在文艺复兴之交，就有人另外发明一种油画。其法以油调颜料，随时可以自由窜改，干燥后又很坚牢，利于保存，于是fresco就让位于油画。近数百年来，主宰西洋画界的颜料，唯是油画。这两种颜料，因为都是和着粉的，故不透明，都有掩覆性。红的地子上可以涂上绿的，黑的地子上可以涂上白的，夸张地说，这种画法，同油漆匠漆板壁一般。那颜料好比油漆（且竟是调铅粉的油漆；若换了中国漆，仍有些透明，遮不住木纹），那画笔好比漆帚。再夸张一点说，这种画法同泥水工砌墙壁一般。那颜料好比石灰泥，那画笔好比泥刀。所以西洋画的地子，不一定要求白。横竖颜料都是厚厚的，有掩覆性；而且把画面全部涂抹，不留一点儿空地子，故地子的色彩不成问题，什么都可以。现今中国的画学生们也在那里用油画涂抹。试看他们所用的画布，大都作暗黄色，或者淡青灰色，新派画法中虽然也有模仿中国的"绘事后素"，而在油画布上留出一些空池子的，但是不很自然，实行的人也极稀少。总之，西洋的"绘事"，在工具上，在技法上，都是不必"后素"的。

反之，中国绘事则必须"后素"。素纸在中国绘画上，不仅是一个地子而已，其实在绘画的表现上担当着极重要的任务。请看中国画，大都着墨不多，甚或寥寥数笔，寥寥数笔以外的白地，决不是等闲的废纸，在画的布局上常有着巧妙的效用。这叫作"空"，空然后有"生气"。昔人论诗文曰："凡诗文好处，全在于'空'。譬如一室之内，人之所游息焉。息焉者，皆'空'处也。若窒而塞之，虽金玉满堂，而无放此身处，又安见富贵之乐耶？钟不空则哑矣，耳不空则聋矣。"这等譬喻在中国画上很可通用。某外国漫画家讽刺商人云：有商人请某大画家作一立幅，送润资六十元。取画一看，长长的立幅下面只描着参差的三粒豆，上面靠边写一行题字，此外都是白纸。商人在算盘上"三一三十一"地一算，说："一粒豆值二十元，行情太贵！"这话虽说是讽刺无知的商人的，一方面也在讽刺中国画。长立幅中画三粒豆，无乃言过其实；但孤零零地画两株白菜，或数只小鸡，或一块石头，确是中国画中所常见的。总之，中国画的画面，大都着墨少而空地多，与西洋油画的满面涂抹者全异其趣。西洋也有水彩画描在素地的纸上的，但是因为画法相异，涂抹得厉害，所留空地远不及中国画之多。而且有时水彩颜料里也通行羼白粉，成为有掩覆性的，一朵一朵地涂上去。况且这在西洋画中，比较起油画来只算一种小道，不是可以代表西洋绘画的。

绘事的"后素"与不"后素"，在艺术上有什么差异呢？据我看，后素的更富有画意。所谓"画意"，就是"艺术味"，浅明地说：就是"不冒充实物，而坦白地表明它是一张画"。画中物象的周围，照事实论，一定要有东西。桌子也好，墙壁也

丰子恺作品
《杨柳鸣蜩绿暗》

中国画的画面，大都着墨少而空地多，与西洋油画的满面涂抹者全异其趣。

好，天空也好，总之，事实上应该有一种东西，这叫作"背景（background）"。西洋画是忠于实际的，凡画必有背景，背景也是构图的一部分。他们所以要把画面全部涂抹，便是为此。中国画反是，画大都没有背景，而让物象挂在空中。一块石头，或是一枝兰花，或是一个美人，都悬空挂着。他们的四周全是纸的素地。这好似无边的白云中，突然显出着一种现象。所以这种现象给人目的刺激很强。这分明表白它不是实物，而是一幅"画"。回顾西洋画就不然，写实派的油画，工笔细描，描得同实物完全一样。那种油画肖像倘使挂在房间的暗角落里，陌生人看见了或将向他点头拱手，还要请教尊姓大名呢。这办法近于"冒充实物"，这种画不像一张"画"，不像一个"艺术品"。故讲到"画意""艺术味"，中国画比西洋画丰富得多。

孔子说"绘事后素"，乃言人必须先有美质，然后可加文饰，犹绘画之必须先有"素地"，然后可施"彩色"。我想：素地上若不施彩色而仅用黑色，照上面的道理说，应该更富"画意"，更富"艺术味"。所以在中国画中，"墨画"的地位很高。山水，梅，兰，竹，石——自来不乏墨画的名作。根本地想：绘画既不欲冒充实物，原不妨屏除彩色而用黑墨。照色彩法之理：墨是红黄蓝三原色等量混和而成，其中三原色俱足。拿俱足三原色的黑色来描在完全不吸收三原色的白色的素地上，色彩的配合非常饱和，色彩的对比非常强烈，本来可以不借别的彩色的帮助了。

最近苏联拿到上海来展览的那种木版画，听说上海人士对它们颇有好评。有人赞它"有力"，有人赞它"有生命"，还有人赞它是"革命的"。我没有看见过，不好说话。但知版画大多数是素地上印黑色的绘画，是"墨画"的同类。料想它不是希图冒充实物的绘画，而是富有"画意"与"艺术味"的作品——版画在中国，千年前早已流行。在西洋则发达于近代。这可说是东洋风的画法。这样看来，"绘事后素"完全是东洋画特有的办法，但现已广播于西欧，行将普及于全世界了。

孔子说"绘事后素"，是用描画的"必须先有素底，然后可施色彩"来比方人生的"必须先有美质，然后可加文饰"。一民族的文化，往往有血脉联通、形成一贯的现象，西洋的绘事不必"后素"，使我怀疑西洋的人生不必先有美质，而可全部用文饰来遮掩。美质是精神的，文饰是技巧的。东西洋文化的歧异，大概就在于此。

廿五年（一九三六）三月作，曾载《申报》

漫画创作二十年

人都说我是中国漫画的创始者。这话未必尽然。我小时候，《太平洋画报》上发表陈师曾的小幅简笔画《落日放船好》《独树老人家》等，寥寥数笔，余趣无穷，给我很深的印象。我认为这算是中国漫画的始源。不过那时候不用漫画的名称，所以世人不知"师曾漫画"，而只知"子恺漫画"。漫画二字，的确是在我的画上开始用起的，但也不是我自称，却是别人代定的。约在民国十二年（一九二三）左右，上海一辈友人办《文学周报》。我正在家里描那种小画。乘兴落笔，俄顷成章，就贴在壁上，自己欣赏。一旦被编者看见，就被拿去制版，逐期刊登在《文学周报》上。编者代为定名曰"子恺漫画"。以后我作品源源而来，结集成册，交开明书店出版，就仿印象派画家的办法（印象派这名称原是他人讥评的称呼，画家就承认了），沿用了别人代用的名称，所以我不能承认自己是中国漫画的创始者，我只承认漫画二字是在我的书上开始用起的。

其实，我的画究竟是不是"漫画"，还是一个问题，因为这二字在中国向来没有。日本人始用汉文漫画二字。日本人所谓"漫画",定义为何,也没有确说。但据我知道,日本的"漫画",乃兼称中国的急就画,即兴画及西洋的cartoon(带有讽刺性的漫画)和caricature(人物漫画)的。但中国的急就即兴之作,比西洋的cartoon和caricature趣味大异。前者富有笔情墨趣,后者注重讽刺滑稽。前者只有寥寥数笔,后者常有用钢笔细描的,所以在东洋,漫画两字的定义很难下,但这也无用考察。总之,漫画二字只能望文生义。漫,随意也。凡随意写出的画,都不妨称为漫画,如果此言行得,我的画自可称为漫画。因为我作漫画,感觉同写随笔一样,不过或用线条,或用文字,表现工具不同而已。

我作漫画,断断续续,至今已有二十多年了。今日回顾这二十年的历史,自己觉得,约略可分为四个时期:第一是描写古诗的时代,第二是描写儿童相的时代,第三是描写社会相的时代,第四是描写自然相的时代。但又交互错综,不能判然划界,只是我的漫画中含有这四种相的表现而已。

我从小喜欢读诗词,只是读而不作。我觉得古人诗词,全篇都可爱的极少。我所爱的,往往只是一篇中的一段,或其一句。这一句我讽咏之不足,往往把它抄写在小纸条上,粘在座右,随时欣赏。有时眼前会现出一个幻象来,若隐若现,如有如无,立刻提起笔来写,只写得一个概略,那幻象已经消失。我看看纸上,只有寥寥数笔的轮廓,眉目都不全,但是颇能代表那个幻象，不要求加详了。有一次我偶然再提起笔加详描写，结果变成和那幻象全异的一种现象，竟糟蹋了那张画，恍悟古人之言"意到笔不到"，真非欺人之谈。作画意在笔先，只要意到，笔不妨不到；非但笔不妨不到，有时笔到了反而累赘。缺乏艺术趣味的人，看了我的画惊讶地叫道："咦，这人只有一个嘴巴，没有眼睛！""咦！这人的四根手指粘成一块的！"甚至有更细心的人说："眼镜玻璃后面怎么不见眼睛？"对于他们，我实在无法解嘲，只得置之不理，管自读诗读词捕捉幻象，描写我的漫画。《无言独上西楼》《几人相忆在江楼》《人散后，一钩新月天如水》，便是那时的作品。初作《无言独上西楼》，发表在《文学周报》上时，有一人批评道："这人是李后主，应该穿古装。你怎么画成穿大褂的现代人？"我回答说："我不是作历史画，也不为李后主词作插图，我是描写读李词后所得体感的。我是现代人，我的体感当然作现代相。这才足证李词是千古不朽之作，而我的欣赏是被动的创作。"

我作漫画由被动的创作而进于自动的创作，最初是描写家里的儿童生活相。我向来憧憬于儿童生活。尤其是那时，我初尝世味，看见了所谓"社会"里的虚伪矜忿之状，觉得成人大都已失本性，只有儿童天真烂漫，人格完整，这才是真正的"人"。于是变成了儿童崇拜者，在随笔中（见《缘缘堂随笔》[1]）漫画中，

1　指1931年1月上海开明书店初版。

丰子恺作品
《几人相忆在江楼》

该作品为丰子恺早期创作漫画，那时是他『描写古诗的时代』。（编者注）

处处赞扬儿童。现在回想当时的意识,这正是从反面诅咒成人社会的恶劣。这些画我今日看了,一腔热血还能沸腾起来,忘记了老之将至,这就是《办公室》《阿宝两只脚凳子四只脚》《弟弟新官人,妹妹新娘子》《小母亲》《爸爸回来了》等作品。这些画的模特儿——阿宝,瞻瞻,软软——现在都已变成大学生,我也垂垂老矣。然而老的是身体,灵魂永远不老。最近我重描这些画的时候,仿佛觉得年光倒流,返老还童。从前的憧憬,依然活跃在我的心中了。

后来我的画笔又改了方向,从正面描写成人社会的现状了。我住在红尘扑面的上海,看见无数屋脊中浮出一纸鸢来,恍悟春到人间,就作《都会之春》。看见楼窗里挂下一只篮来,就作《买粽子》。看见工厂职员散工回家,就作《星期六之夜》。看见白渡桥边,白相人调笑苏州卖花女,就作《卖花声》……我住在杭州及故乡石门湾,看见市民的日常生活,就作《市景》《邻人之爱》《挑荠菜》。我客居乡村,就作《话桑麻》《云霓》《柳荫》……这些画中的情景,多少美观!这些人的生活,多少幸福!这几乎同儿童生活一样地美丽!我明知道这是成人社会光明的一面,还有残酷悲惨、丑恶黑暗的一面,我的笔不忍描写,一时竟把它们抹杀了。

后来我的笔终于描写了。我想,佛菩萨的说法,有"显正"和"斥妄"两途。美谚曰:"漫画以笑语叱咤世间",我何为专写光明方面的美景，而不写黑暗方面的丑态呢？西洋文学者巴尔扎克（Barxac）、左拉（Zola）的所谓自然主义，便是这个宗旨吧。于是我就当面细看社会上的残忍相、悲惨相、丑恶相，而为他们写照。《斑白者》《都市奇观》《邻人》《鬻儿》《某父子》，以及写古诗的《瓜车翻覆》《大鱼唼小鱼》等，便是当时的所作。后来的《仓皇》《战后》《警报解除后》《轰炸》等，也是这类的作品。有时我看看这些作品，觉得触目惊心，难道自己已经坠入了"恶魔派（devilism）"吗？于是我想艺术毕竟是美的，人生毕竟是崇高的，自然毕竟是伟大的，我这些辛酸凄楚的作品，胡为乎来哉？古人说："恶岁诗人无好语。"难道我就做了恶岁诗人吗？于是我的眼就从恶岁转向永劫，我的笔也从人生转向自然。我忽然注意到破墙的砖缝里钻出来的一根小草，作了一幅《生机》。真正没有几笔，然而自己觉得比从前所作的数千百幅精工得多，以后就用同样的笔调作出《春草》《战场之春》《抛核处》等画。有一天我在仇北崖家里，看见桌上供着一个炮弹壳，壳内插着红莲花，归来又作了一幅《炮弹作花瓶》。有一天，我在汉口看见截了半段的大树，正在抽芽。回来又作了一幅《大树被斩伐》。《护生画集》中所载的《遇赦》《悠然而逝》《蝴蝶来仪》等，都是此类作品。直到现在，此类作品是我自己所最爱的。我自己觉得近来真像诗人了，但不是恶岁诗人，却是沉郁的诗人。诗人作诗喜沉郁。"沉郁者，意在笔先，神余言外，写怨夫思妇之怀，寓孽子孤臣之感。凡交情之冷淡，身世之飘零，皆可对一草一木发之，而发之又必若隐若现，欲露不露。反复缠绵，终不许一语道破。"（陈亦峰语）此言先得我心。

　　古人说："行年五十，方知四十九年之非，"我近来在漫画写作上，也有今是昨非之感。但也不完全如此，在酒后，在病中，在感动之下，在懊丧之余，心情常常变换，笔调也时时反复。所以上述的四个时期的作风，并不判然划界，却参差交互地出现在我的笔下，不过出现的程序大约如上而已。

图书在版编目（CIP）数据

美学之用 / 丰子恺著. — 北京：当代世界出版社，2022.1
　　ISBN978-7-5090-1627-5

　　Ⅰ. ①美… Ⅱ. ①丰… Ⅲ. ①文艺美学－文集 Ⅳ. ①I01-53

中国版本图书馆CIP数据核字（2021）第180492号

书　　名：	美学之用
出版发行：	当代世界出版社
地　　址：	北京市东城区地安门东大街70-9号
责任编辑：	高　冉
编务电话：	（010）83907528
发行电话：	（010）83908410
	13601274970
	18611107149
	13521909533
经　　销：	新华书店
印　　刷：	北京汇瑞嘉合文化发展有限公司
开　　本：	889mm×1230mm　1/32
印　　张：	9.5
字　　数：	200千字
版　　次：	2022年1月第1版
印　　次：	2022年1月第1次印刷
书　　号：	ISBN 978-7-5090-1627-5
定　　价：	78.00元

如发现印装质量问题，请与承印厂联系调换。
版权所有，翻印必究；未经许可，不得转载！

春日游杏花吹滿頭